D1730845

靈氣

情熱

Shinji:

Ein Lehrer kann Türen für dich öffnen,

eintreten aber musst du selbst.

Dieses Buch widme ich meinen Töchtern

Bonnie & Sjinto

und meinen Söhnen

Dwight & Shinji.

Buch 1

Die Basis

Konichiwa, ich möchte Sie gern mitnehmen auf eine Reise in die natürliche Welt von Shinji. Eine Welt und ein Leben, das ganz und gar dem Nishikigoi gewidmet war. Shinji, "unser Japaner", wie mein verstorbener Vater ihn immer nannte, führt uns zu einer wunderbaren Weisheit, die nach dem Weg des Bonsai aufgebaut ist. Das Wissen von vier Generationen professioneller Züchter wird durch wissenschaftliche Tests unterstützt. In fünf Büchern werden Sie lernen, den ganzen Weg zu gehen und einen tiefen und deutlichen Einblick in die Welt des Nishikigoi zu erhalten.

Shinji hatte einen großen Wunsch: dass das Wohlergehen und die Vitalität aller Nishikigoi, die aus Japan exportiert werden, gepflegt und geschützt werden. Shinji gönnte uns diese fernöstliche Pracht zwar, aber er war der Meinung, dass das Ausland noch nicht bereit war für den Nishikigoi. Oftmals verließ der Fisch Japan nämlich, ohne dass jemand wusste, wie man diese Schönheit des manipulierten Koi im Ausland erhalten konnte. Noch immer hält diese Situation an, in leider eine Vielzahl von Fällen.

Während der Zeit, die sich Shinji in Europa aufhielt, studierte er das Wohlergehen seines geliebten Fisches. Oft erschrak er wegen der Qualität. Gemeinsam mit Shinji entwickelte ich einen Leitfaden mit Informationen darüber, wie wir in Europa am besten mit dem Nishikigoi umgehen sollten. Über fünf Bücher verteilt werde ich Ihnen diese Informationen näherbringen. Sie erhalten Informationen zum Futter, zu Mineralien, Vitaminen, Pflanzen, Kräutern und noch vielem mehr. Außerdem lernen Sie, wie man präventiv auf natürliche Weise gegen Parasiten vorgeht. Sie lernen, wie Sie die Pigmente und die Hautqualität dieser prächtigen Schätze schützen und erhalten. Und noch viele weitere Facetten werden wir Ihnen vorstellen – alles auf natürlicher Basis.

Die stille Kraft von Shinji.

In Buch 1 lernen Sie eine Menge zur Vision von Shinji. Er lebte nach dem Bushido . Dies kam in allem zum Ausdruck, was er tat, und was er nicht tat. Lassen Sie sich durch diese Lebensphilosophie inspirieren, die von Ehrlichkeit und Respekt handelt, und Sie werden sich in einer Welt wiederfinden, in der die Natur Ihr Freund sein kann.

Die Basis steht für den Topf des Bonsais auf japanische Weise, wie Shinji sie vertrat. Shinji: "Um Ihre Fische von außen bewundern zu können, müssen Sie das Innere verstehen."

Die Basis bringt Sie zur Anatomie des Kois, die wichtige Information, die das Wohlergehen unseres Fisches gewährleistet. Im Anschluss wird das erste Buch noch oftmals als Nachschlagewerk genutzt, wenn Sie sich mit den ihm folgenden Büchern beschäftigen. Zum Beispiel bei der präventiven Behandlung von Pflanzen und Kräutern, der Herstellung von eigenem Futter, um bestimmte Prozesse wie das deutlichere Definieren von Farben und die Blutbildung zu stimulieren. Verschiedene Facetten werden behandelt, mit denen Sie selbst auf natürliche Weise arbeiten können.

In Buch 2 lernen Sie Shinji persönlich kennen. Sie werden erfahren, wie er in Europa und Japan lebte. Sie werden mich auf meine Studienreise durch Japan begleiten, die ich den Kräutern und Pflanzen widmete, die für den Nishikigoi wertvoll sein können. Sie lernen, warum bestimmte Pflanzen und Kräuter von verschiedenen Züchtern in Mudponds eingesetzt werden. Sie dürfen mich bei meinem Besuch des Vulkans Aso begleiten, dem größten aktiven Vulkan der Welt und Mineralienquelle. Außerdem bekommen Sie in Buch 2 Tipps für die Vitalität des Nishikigoi.

In Buch 3 werde ich Sie mit Rezepten und Pflanzen für das Wohlergehen des Kois überraschen. Die Pigmente werden ausführlich behandelt. Wir werden Ihnen zeigen, was ein Züchter mit den Farben auf der Go-Sanke Linie alles anstellen kann. Auch werde ich für Sie den ersten Weg des Bonsais für das Wachstum gehen. Sie lernen unter anderem über Kombinationen, die für das Wachstum der Fische wichtig sind.

Buch 4 geht dann intensiver auf die wissenschaftlichen Tests ein. Sie werden den Bericht eines Züchters lesen, der ganz und gar nach der japanischen Tradition der Showa züchtet. Außerdem werden wir Ihnen in Buch 4 verschiedene Varianten vorstellen. Selbstverständlich werden Sie auch mit wichtigen Tipps zum Thema Futter, Wassermanagement, Pflanzen und Kräutern versorgt und verwöhnt. Nach dem Studium der ersten vier Bücher werden Sie merken, dass Sie den Weg des Nishikigoi besser gehen. Sie werden sich in der Philosophie der japanischen Züchter bewegen und sich der Tatsache bewusst sein, dass Sie sich allem mit Respekt nähern müssen.

Buch 5 wird ein wunderbares Gesamtpaket mit rund 350 Seiten und widmet sich in vollem Umfang dem Showa. Es wird ein Sammelband werden; ein Muss für jeden Koi-Besitzer.

Herausgabedaten für die Buchreihe Nishikigoi: Die stille Kraft von Shinji :
• Buch 1, Die Basis
• Buch 2, Shinji und Japan
• Buch 3, Die Kraft der Natur
• Buch 4, Respekt
• Buch 5, Der Showa

Ich wünsche Ihnen viel Lesevergnügen und hoffe, dass Ihnen dieses Buch wunderbare Einsichten bieten wird, so dass Sie Ihr Hobby auf gesunde und natürliche Weise ausüben können.

1

Der Bonsai

Neubau von Mudponds nach einem schweren Erdbeben

Wörtlich aus dem Japanischen übersetzt bedeutet es "Baum im Topf". Für Shinji war der Bonsai die Basis in seinem Leben; er fand sich selbst immer in der Philosophie des Bonsais wieder. In Kombination mit dem Bushido war es sein sicherer Hafen, um ehrlich und aufrecht durch das Leben zu gehen.

Meinen ersten Kontakt mit dem Bonsai konnte man wohl als einigermaßen befremdlich bezeichnen. Für mich war es eine Pflanze in einem Topf, von denen mein Vater jede Menge in seinem Garten hatte. Nur war diese Pflanze eben etwas anders. Mein Vater züchtete gelegentlich selbst Pflanzen für die Gärten, die er bei anderen Leuten pflegte. Von ihm lernte ich die Basis der Pflege, aber der Bonsai von Shinji bestimmt meine heutige Lebensphilosophie.

Der Beginn.

Ich hatte mal wieder ein paar Stunden in der Notaufnahme verbracht, um eine Verletzung behandeln zu lassen. Diese gehören wohl einfach zum Kampfsport. Im Eifer des Gefechts bemerkte man gelegentlich nicht einmal, dass schon eine Rippe oder ein Knochen gebrochen waren. Hiermit ging eigentlich immer eine bestimmte Wut einher. Wie konnte das nur wieder sein? Es war schwierig, dies selbst zu analysieren. Wieder im Dojo angekommen, sah ich zu, wie die letzten Runden verliefen und wer an dem Tag im Finale stehen würde. Mein neuer Gegner war bereits bekannt. Ich hatte etwas, worauf ich mich vorbereiten konnte.

Am nächsten Tag ging ich vollkommen unkontrolliert auf die Matte. Einfach nur, um den ersten Preis zu holen. Nun ja, verständlicherweise funktioniert man aber nicht optimal, wenn es im Kopf nicht richtig läuft. Und schon gar nicht, wenn man noch "getaped" ist, um den Schmerz an den Rippen zu lindern. Die beiden nächsten Partien gewann ich, aber durch die heftigen Schmerzen schaffte ich das Finale nicht mehr. Ich war emotional so aufgeladen und eine Träne lief über meine Wangen. Um wieder klar denken zu können, ging ich in den Garten. Zuerst bemerkte ich überhaupt nicht, dass sich irgendwann ein Japaner neben mich setzte. Ein Mann, den ich regelmäßig bei den Wettkämpfen in Belgien gesehen hatte.

Hüstelnd machte sich der Japaner neben mir bemerkbar. Ich sah ihn an. Lächelnd und mit ruhiger Stimme sprach er in gebrochenem englisch zu mir. "Paul, reguliere deine Atmung, und dein Schmerz wird weniger werden." Vor Schreck bekam ich noch mehr Schmerzen. Woher hatte dieser Mann meinen Namen? Warum sprach er mich an?

Meine erste Frage war schnell beantwortet. Mein Name wurde natürlich immer aufgerufen, wenn ich zum Kampf auf die Matte musste. Die zweite Frage blieb aber vorerst unbeantwortet, was aber auch daran lag, dass ich kein Mann war, der vor anderen gern seinen Gefühlen freien Lauf gab. Und schon gar nicht, wenn diese ihm auch noch fremd waren. Ruhig fragte ich ihn, wie ihm das Turnier gefalle, und ob er es genossen hätte.

Der Japaner stellte sich mir als Shinji vor und sprach die Worte, die für mich immer tiefe Bedeutung behalten haben. "Dein ganzes Leben ist ein Kampf. Kämpfe immer mit deinem Herzen und deiner Seele, und du wirst sehen, dass es keinen Kampf gibt."

So, das war mal eine Aussage! Ich dachte, "was soll mir das jetzt sagen?" Ich sagte Shinji, dass ich ihn nicht richtig verstehen würde und bat ihn kleinlaut um eine Erklärung. Shinji lachte ein wenig. Schnell verabredeten wir uns für die nächste Woche. Die Woche verging relativ langsam, weil ich mich damit beschäftigte, Shinjis Zitat zu verstehen.

Die Verabredung war bei Shinji Zuhause. Grundgütiger, was für ein Garten, der auch noch von einer herrlich scheinenden Morgensonne durchflutet wurde. Shinji hatte japanischen Tee vorbereitet und nahm an einem Tisch ohne Stühle Platz. Aufgepasst! Das war im Jahr 1988 und ich hatte so etwas noch nie gesehen. Mitten auf dem Tisch stand eine wunderschöne Schale mit einem Bäumchen darin. Nach einer angenehmen ersten Tasse Tee – mit bitterem Geschmack – erzählte Shinji, dass hier die Basis eines jeden Lebens stünde. Das waren die Worte, die bei mir noch mehr Fragen aufwarfen. Ich hoffe sehr, sie schnell verstehen zu lernen.

Shinji:

Kappe den ganzen Wald des Verlangens,
nicht nur einen Baum.

"Paul, das allerwichtigste ist der Topf. Hier liegt die Basis des Futters. Die Nahrung hält den Bonsai bereits mehr als 250 Jahre im Gleichgewicht. Wann immer man vor Problemen steht, und zwar egal, was für welche es sein mögen, wird man zu seiner Basis zurückkehren. Nur so bekommt man das Leben in ein Gleichgewicht. Es ist egal, was man tut. Gibt es Probleme in deiner Beziehung, bei der Arbeit, in deinem Teich oder mit deinen Fischen? Besinne dich immer auf die Basis. Hier liegt in dem Moment die Ursache des Problems."

Erst später sollte ich verstehen, dass es nach Shinji keine Probleme gibt, er sah in allem eine Herausforderung. Was für eine Geschichte! Ruhig begann ich, ihm Fragen zu stellen. Shinji lehrte mich schnell, nur zuzuhören. Mit dieser Einsicht würde ich mehr erreichen, als damit, andauern Fragen zu stellen. Shinji gab ein paar Beispiele. "Stelle dir vor, dass deine Beziehung nicht so ist, wie du sie dir wünscht. Was würdest du automatisch tun? Du würdest erst mit dem erhobenen Finger auf den anderen zeigen. Und dann passiert es. Dann wird alles noch schlimmer. Hättest du dich auf die Basis besonnen, hättest du ehrlich dich selbst einmal im Spiegel betrachtet, hättest du eher begriffen, dass etwas nicht stimmte. Vor allem dann, wenn du klar zeigst, dass du von deiner eigenen Basis aus Fehler machst. Tust du das nicht, liegen hier die größten Gefahren verborgen."

Shinji empfand diese Haltung als einen Störfaktor in Europa. Auf der anderen Seite stellte er sich die Frage, woher er das Recht nahm, so zu denken. Ich versuchte, diese Sichtweise einmal auf mich selbst zu übertragen und gelangte schnell zu der Erkenntnis, dass ich nicht so ein lieber, ehrlicher Junge war, wie ich ihn gern präsentierte. Im Gegenteil, oft handelte ich vor allem in meinem Interesse.

Das Beispiel eines willkürlichen Betriebes kam zur Sprache. Ist die Basis nicht gut, macht dieser auch nicht den maximalen Umsatz. Wird der Betrieb nicht richtig geführt, oder wie Shinji es so treffend nannte, sitzen nicht die richtigen Menschen an den richtigen Positionen, wird der Betrieb nie einen optimalen Gewinn erzielen. Diesen Gedanken projizierte ich auf meine eigene Arbeitssituation und gelangte schnell zu einem doppeldeutigen Gedanken. Erstens, nun ja, da laufen Menschen herum, die absolut nicht an diese Position gehören. Zweitens, höre mich reden, wo nehme ich das Recht her?

Shinji ging zum Bonsai auf dem Tisch zurück und zeigte mir, wie stark und schön der Stamm war. "Das kannst du nur dann erreichen, wenn die Erde in dieser Schale für den Baum gut ist." Im Anschluss daran begann Shinji zum ersten Mal, mit mir über Mineralien und Kräuter zu sprechen. Während des Erzählens dachte ich immer wieder an die Aussage, dass man durch Zuhören mehr lernt als durch Fragen stellen. Nun ja, ich kann Ihnen sagen, dass mir jede Menge Fragen durch den Kopf schwirrten. Ich sah den Wald vor lauter Bäumen nicht mehr.

Shinji: "Der Stamm mit den Wurzeln ist sehr wichtig. Bekommen diese nicht die richtigen Nährstoffe, entwickeln sich nie schöne Zweige, Blätter und eventuelle Früchte."

Stück für Stück konnte ich das Puzzle für mich ordnen. Zumindest dachte ich das. Aber nach Shinji machte ich den ersten Fehler: "Bewerte Dinge nicht zu schnell schwarz-weiß. Gehe zum Anfang zurück und sei ehrlich zu dir selbst." Der saß, dachte ich.

Wir hatten inzwischen eine weitere Tasse Tee getrunken und gingen zum Teich, um über den Bonsai und insbesondere über den Nishikigoi im Teich zu sprechen. Sie müssen sich hierbei die damalige Wohnsituation wie folgt vorstellen: ich hatte einen Teich in einer Größe von 20 m³ und mein größter Fisch war ein wilder Karpfen von rund 75 Zentimetern. Selbstverständlich war ich stolz darauf, dass dieser Kerl diese Länge in unserem Teich hatte. Aber bei Shinji stand ich an einem Teich von rund 120 m³ mit 38 Unterwasserbooten, durch und durch bunt. Dass es so etwas gab. Herrlich! Shinji begann auf Japanisch, die Vielfalt zu erklären. Und ich, dumm wie ich war, nickte andauern, als würde ich das alles verstehen.

Einige Jahre später kam ich dahinter, dass ich an diesem bewussten Tag eines der größten Geheimnisse eines japanischen Züchters, bezogen auf den klassischen Showa (syowa) teilweise hörte. Shinji erzählte: "Willst du die Kunst eines Bonsai verstehen und diese selbst erreichen? Willst du einen Goi (Koi) mit dieser Länge, Vitalität und Farbe züchten können? Dann lerne viel über Schwefelverbindungen in Kombination mit Kräutern und Mineralien." Schwefelverbindungen? Der einzige Schwefel, den ich kannte, war rot oder braun und befand sich an der Spitze eines Streichholzes. Soweit ich mich erinnerte, hatte mein Vater mir doch verboten, das zu berühren?

Stolz erzählte ich, dass wir Zuhause auch einen großen Karpfen hätten, und dass dieser gut und gern 50 Zentimeter in unserem kleinen Teich gewachsen sei. Da sagte Shinji etwas, das ich erst später verstehen sollte: "Mit einer reinen Blutlinie erreicht ein Koi bequem eine Länge von 60 bis 70 Zentimetern. Danach aber geht es nicht mehr darum, was er frisst, sondern ob er die richtige Nahrung aufnimmt."
Ich verstand das alles nicht so recht. Ich wollte wissen, wie ich den Bonsai im Kontext zur Geschichte mit dem Teich verstehen musste. Lachend erzählte Shinji, dass man in Europa bereits Begriffe wie 'japanischen Koi-Karpfen' benutzen würde. Selbstverständlich mit Respekt. "Nun, Paul, 'Japanischer Koi-Karpfen' klingt gut, und der Verbraucher reagiert ja auch positiv darauf. Japan aber steht vor einem Mysterium, das sich wohl in den achtziger Jahren etabliert hat." Aber ich verstand sein Lachen nicht. Ich selbst fand auch, dass es gut klang, und ich dachte, dass es so auch korrekt war. Hier lehrte mich Shinji die Frage zu stellen, "Ist dies so?", als Teil des Bonsai.

"Willst du ehrlich zu dir selbst und zu deinen Mitmenschen sein, dann sorge zuerst dafür, dass du eine ehrliche Einsicht hast. Wenn du etwas nicht verstehst, hast du das Recht, dies zu sagen oder Fragen zu stellen. Hierin schlummert eine starke Kraft für deine Zukunft."

Das Essen hält diesen Bonsai seit über
250 Jahren im Gleichgewicht.

Den Bonsai kann man als Basis für die japanische
Gemeinschaft betrachten.

Ruhe & Harmonie.

Ich hörte an dem Tag viele Dinge, die ich nicht zuordnen konnte, und während des Niederschreibens meiner Gedanken versuchte ich, dies einigermaßen zu analysieren. Was ich aber spürte, war, dass ich erheblich gelassener war als normalerweise, trotz der vielen Fragen, die von Minute zu Minute mehr wurden. Shinji war es, der diese Gelassenheit übertrug. Er erzählte, dass "Koi" und "Karpfen" dasselbe bedeuten würden. Im Chinesischen heißt der Karpfen Koi. Dieser Name ist aus Europa hierüber gewelt. In Japan nennt man diesen Fisch "Sakana", und ein Karpfen wird im Volksmund "Goi" genannt. Daher stammt auch der Name Nishikigoi, "bunter Karpfen".

Mein Interesse am Ursprung des Nishikigoi war schlagartig geweckt. Wann war der erste gezüchtet worden? Und wie stand es um die Geschichte, dass der erste Goi mit dem Namen Kohaku irgendwo in den Reisfeldern gefunden worden war? Shinji war von Natur aus ein fröhlicher Mann. An diesem Tag aber war er sehr ernst. Shinji erzählte, dass die Geschichte in die Edo-Zeit zurückging, die im Jahr 1603 begann und 1868 endete, als die kaiserliche Macht wiederhergestellt wurde. Eine Zeit, in der die Samurai-Krieger Ruhe in den selbst angelegten Gärten mit prächtigen Springbrunnen und Teichen fanden. Es ist allerdings nie bekannt geworden, welche Fische sie züchteten. Und auch nicht, ob sie dies bewusst taten.

Auch nach 1868, als wieder ein Kaiser in Japan an die Macht kam, führte der Samurai ein eher zurückgezogenes Leben in seinen Gärten. Das Konklave zwischen der kaiserlichen Macht und dem Samurai dauerte bis zum Jahr 1877. Damals legte der erste Samurai Saigo Takamori die Hand an sich selbst.

Die Gärten blieben noch lange für das gewöhnliche Volk geschlossen, aber sie inspirierten die japanische Lebensphilosophie enorm. Jeder Garten erzählt die Geschichte seines eigenen Samurai. Ganze Landstriche, in denen sie kämpften, waren in der Anlage dieser Gärten erkennbar. Außerdem gab es verschiedene Geschichten, die eine Verbindung zum Nishikigoi hatten. Aber die Geschichten über den Samurai selbst wurden oft nicht erzählt, sagte Shinji. Ein Kapitel, das man aus anderen Gründen gern schließen wollte.

Shinji wusste nicht, wo der erste bunte Karpfen gezüchtet worden war, auch außerhalb von Japan gab es jede Menge Geschichten, in denen Karpfen vorkamen. Vor allem in China und Ägypten, wo sie sich ebenfalls in der Literatur wiederfinden. Auf Gemälden aus alten Zeiten ist der Fisch zu sehen. Für Shinji spielte das keine Rolle. Er machte sich mehr Sorgen darüber, wie in der Zukunft mit dem Nishikigoi umgegangen würde. Und ob die japanischen Züchter auch Einfluss auf dem Weg des Bonsais ausüben konnten. Shinji sagte voraus, dass 1990 eine große Nachfrage entstehen könnte.

Shinji hatte Angst, dass eine Kluft zwischen den traditionellen Züchtern und den kommerziellen Züchtern entstehen könnte, was sicher durch die große Nachfrage nach Koi eintreten könne. Und das wiederum würde auf

Kosten der Fachkenntnis und der Reinheit der Blutlinie passieren. Ich verstand Shinji nicht. Ich verstand damals nicht, was der Bonsai hiermit zu tun hatte. Jetzt ist mir das alles durchaus klar. Ich verstehe die Vision von Shinji, dass der Bonsai manchmal ganz neu gesteckt werden muss.

Am Filter seines Teiches angelangt, setzten wir uns auf einen enorm großen Findling. Kurz musste ich an die Personen denken, die diesen Stein hier her gebracht hatten. Das dürfte ohne Rückenschmerzen kaum möglich gewesen sein. Aber Shinji holte mich schnell aus meinem Tagtraum; es sei ein "kleiner Kran" von 35 Tonnen nötig gewesen.

"Der Filter ist das Herz des Teiches. Die Basis. Der Topf des Bonsais. Vergiss nie, dass die Wasserqualität und das Futter die wichtigsten Komponenten für deine Fische sind. Stimmt etwas mit deinen Fischen nicht, kehre immer an diese Basis zurück.
Überprüfe dein Handeln. Beginne ein Logbuch und notiere, was du jede Woche getan hast. Entwickle eine eigene Sichtweise. Erkläre dir selbst jedes Mal, warum du etwas getan hast. Wenn neue Erkenntnisse verfügbar sind, die die Lebenssituation für den Fisch noch verbessern können, ist es nicht schlimm, die eigene Sichtweise zu korrigieren."

Diesen Text von Shinji habe ich in der Zeit wortwörtlich notiert. Am Ende der achtziger Jahre und zu Beginn der neunziger Jahre gab es noch nicht so viel Information über unser Hobby. Schon gar nicht über die Filter und das Futter und nicht darüber, wie wichtig das Futter für den Filter ist. Shinji wollte diesen Tag beenden. Er spürte, dass ich das alles nicht mehr verarbeiten konnte.

Ich konnte das alles nicht ordnen, es waren so viele Informationen in so kurzer Zeit. Den ganzen Abend lang habe ich zuhause noch weiter Aufzeichnungen gemacht, einfach aus Angst, etwas zu vergessen. Es war ein wunderbarer Tag, an den ich noch immer oft zurückdenke. Enorm lehrreich. In den darauffolgenden Jahren merkte ich, wie die Puzzlestückchen langsam an ihre Position kamen. Unser Problem im Westen ist es, dass wir alles schnell wissen wollen, und sofort eine Meinung zu etwas haben. Shinji lehrte mich, anders mit diesen Dingen umzugehen.

Shinji:

"Um die eigene Basis zu nähren, muss man Nahrung verwenden, die im Gleichgewicht ist."

2

Die Spinne

Auf der Bank im japanischen Garten sitzend genoss ich die ersten Sonnenstrahlen, die mühsam die letzten Wolken zu vertreiben suchten. Mein Blick fiel auf eine kleine Spinne, die angestrengt damit beschäftigt war, den Morgentau aus ihrem Netz im Ahorn zu entfernen. Sicher hoffte sie darauf, die erste Fliege zum Frühstück zu fangen. Über den Teich blickend, entdeckte ich die Showa, eine attraktive Dame mit einer Länge von fast 75 Zentimetern, die im Teich mit acht Männchen schwamm. Jetzt bewegte sie sich ruhig in einem Bad aus schwarzen und blauen Beeren, gemischt mit Kräutern und Pflanzen aus dem fernen Japan. Sie befand sich im Heilungsprozess von einer Wunde, die durch brutale Gewalt entstanden war.

Shinji säuberte die letzten Erdbeeren, um diese dann in mageren Joghurt zu geben. In seinem gebrochenen Englisch murmelte er vor sich hin, dass ich zu warten habe. Diese Schale war nicht für mich vorgesehen. Nachdem Showa eine halbe Stunde in dem Cocktailbad geschwommen war, setzte Shinji sie um in ein Becken mit sauberem Wasser. Neugierig, wie ich nun mal war, versuchte ich, all seine Handgriffe mitzuverfolgen. Ich sah, wie Showa gedreht wurde, dann war ich Zeuge einer Art Koi-Massage. Bedauerlicherweise erklärte Shinji nur wenig hierzu. Das steigerte meine Neugier. Nach zehn Minuten wurde der magere Joghurt mit den Erdbeeren mit einem Löffel an Showa gefüttert. Sofort dachte ich, 'Hey, hallo, das würde auch mir schmecken.'

Lachend setzte Shinji die Showa wieder in den Teich. Ich sah ihr hinterher und beobachtete, wie sie zurück zu den anderen Koi schwamm. Im Stillen fragte ich mich, wie verrückt mein erster 'Studientag' noch werden würde. Shinji hatte inzwischen seinen berühmten Tee aufgesetzt und genoss die Ruhe seines japanischen Gartens.

Ruhe. Was war das noch mal? Wenn es irgendetwas gab, was mir nicht gelang, dann war es Ruhe im Kopf zu finden. In Gedanken versuchte ich, eine Analyse der vergangenen zwei Stunden zu machen, die von der kleinen Spinne unterbrochen wurde, die jetzt in der Tat ihre erste Fliege gefangen hatte.

Irgendwann kam Shinji und setzte sich zu mir und gab mir Stift und Papier. "So, mein Freund, hier sind ein paar japanische Weisheiten. Studiere sie und versuche, sie zu verstehen."

Nachdem Shinji seinen Tee getrunken hatte, setzte er sich in aller Ruhe ins Gras. Kurz war er vollkommen in sich gekehrt. Shinji gedachte in diesem Moment dem Todestag seines Vaters.

Dann sprach er einen japanischen Text. In schweren Zeiten denke ich an diesen Spruch:

"Ein Schmetterling wird nur dann schön, wenn es schon der Raupe gut ging."

Eine Kara-te Technik (Leere Hand)?

3
Der Samurai

Nachdem ich Shinji bereits rund drei Jahre kannte, hatte ich mir die Kunst zu Eigen gemacht, seine Visionen öfter zu verstehen. Vor allem die Philosophie aus der Edo-Zeit. Die Geschichten handelten von der Unterdrückung der Familie durch den Samurai und Adlige.

Heutzutage zeichnen die vielen Geschichten und Filme ein verheerendes Bild davon, wie es zu dieser Zeit zugegangen sein muss. Was mich allerdings am meisten fasziniert, ist die Entstehung des Samurai. Im Jahr 1100 nach Christus war der Kaiser von Japan auf der Suche nach Elitesoldaten, die das Kaiserreich schützen sollten. Söldner wurden angestellt, um den Kaiser zu beschützen.

Jeder Söldner beherrschte seine eigene Kampfkunst, die immer in der eigenen Familie bewahrt wurde. Was eigentlich eine Art Gemeingut hätte werden müssen, wurde durch die vier Familienclans, den Taira Clan, den Tachibana Clan, den Fujiwara Clan und den Minamoto Clan zerstört.

So wurde während fast achthundert Jahren die Gestalt des Samurai geprägt.

Dieser drückt bis zum heutigen Tag seinen Stempel auf das Denken der japanischen Bevölkerung. Vieles kann aus dieser Zeit abgeleitet werden. Wollte ich Shinji öfter verstehen, so war es nicht falsch, sich mehr Wissen über die Hagakure und Bushido anzueignen, einer Kombination des Shintō (Weg der Götter) und des Buddhismus.

- Hagakure: Das Buch des Samurai. Hierin steht Giri im Mittelpunkt.

- Giri: Rechtschaffenheit oder Pflicht. Wesentlich für die persönliche Ehre. Durch die verlangte Etikette für einen Europäer schwer zu verstehen.

- Bushido: für Shinji waren die sieben Regeln des Bushido heilig. Die Vision von Bushido, die aus der Zeit der Samurai stammte, zeigte, wie ein Samurai lebte. Das wohl Beste, was ich von Bushido, eine Lebensweise, die mit viel Ruhe durch Meditation und oft auch durch eine Umgebung der Ruhe erfahren wird.

Die sieben Grundsätze lauten:

- Gi: Ehrlichkeit und Rechtschaffenheit. Die richtigen Entscheidungen mit der richtigen Haltung, basiert auf Wahrheit, treffen.

- Yuu: Tapferkeit und Mut.

- Jin: Bescheiden leben, Liebe und Anteilnahme.

- Rei: Respekt, Höflichkeit und das richtige Handeln.

- Chugo – Chuugi: Hingabe und Loyalität.

- Makato: Wahrheit und Aufrichtigkeit.

- Melyo: Ehre und Glorie.

Eine nicht ganz einfache Lebensweisheit. Shinji erzählte in diesem Zusammenhang die Geschichte eines Nishikigoi-Züchters, dem es nicht gelang, die klassische Showa (Syowa) zu züchten. Jahrelang missglückte es ihm immer wieder. Letzten Endes tötete er sich selbst, indem er Seppuku (rituelle Selbsttötung, besser bekannt als Hara-kiri) beging.

Der Samurai arbeitete als einziger Krieger mit zwei Schwertern (Daisho). Das lange Schwert nannte man Katana und das kurze Schwert Wakizashi. Beim Kämpfen wurde das lange Schwert benutzt. Das kurze Schwert wurde nur für den Seppuku eingesetzt, eine Technik, die ich nicht ganz verstehe. Es ist nämlich eine Technik, die man nicht selbst üben kann, die aber voll und ganz nach den Benimmregeln ausgeführt wird. Auf den Knien sitzend wird der Wakizashi in den Bauch gerammt und eine kurze Bewegung von links nach rechts soll dafür sorgen, dass der gesamte Bauch geöffnet wird. Das ist das Zeichen für den Feind, dass man sich vollkommen ausliefert. Laut Bushido befindet sich die Seele des Japaners im Unterleib (Hara). Wurde diese Handlung von einer Frau ausgeführt, dann band sie sich selbst ihre Füße fest. So zeigte sie, dass sie ehrenvoll, mit Hingabe und Loyalität starb.

Können Sie sich das in unserer westlichen Welt vorstellen? Seppuku begehen, wenn wir bei etwas scheitern? Für die Samurai war es sehr wichtig, nicht in die Hände des Feindes zu fallen. Auf dem Schlachtfeld wurde die Selbsttötung des Samurai auch Sokutsu-Shi genannt, eine höchst ehrenvolle Art des Seppuku.

Shinji erzählte mir, dass sogar Niederländer in der Zeit der Samurai kämpften. Er verwies auf die Schlacht bei Sekigahara im 16. Jahrhundert. Niederländer führen damals mit dem niederländischen Schiff "De Liefde". Sie waren die ersten ausländischen Händler im Fernen Osten. Im Jahr 1868 wurde die kaiserliche Macht wiederhergestellt. Aber für die Familie von Shinji endete die Unterdrückung nicht. Schlimmer noch, die letzten Samurai blieben im Konklave mit dem Kaiser.

Ein Stück Geschichte, das jeder Japaner in der Schule lernt. Erlernt, dass am 24. September 1877 Saigo Takamori als letzter Samurai auf ehrenvolle Weise Seppuku beging. Aber Saigo Takamori ist nicht der bekannteste Samurai. Diese Ehre gebührt Miyamoto Musashi, der im Volksmund auch Kensei (Schwertheiliger) genannt wird. Er wurde 1584 geboren und starb 1645.

Ich möchte Sie gern auf das Buch der Fünf Ringe verweisen. Eine Sammlung von Aufzeichnungen von Kensei, seinem Leben gewidmet. Eine Lebensphilosophie, nach der noch immer viele Japaner leben.

4

Birmingham
Großbritannien

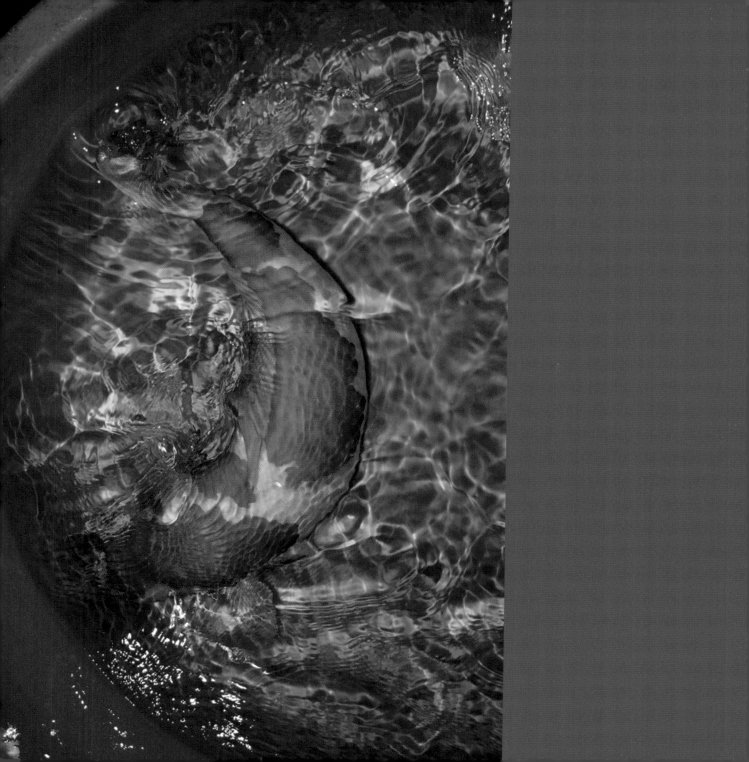

Durch einen beunruhigenden Anruf von einem belgischen Koi-Besitzer erfuhr Shinji, dass jemand große Probleme mit einem Teich mit fast zwei Millionen Litern Wasser hatte. Es gab schon neun tote Fische. Man fand offensichtlich den Grund dafür nicht. Shinji hörte sich die Geschichte mehrfach an und versuchte, die Situation zu verstehen. Zu Beginn war vor allem die Kommunikation ein Problem. Shinji sprach wenig englisch und wir sprachen natürlich kein Japanisch.

Letztendlich war die Geschichte, dass das Wasser im Teich ganz grün und voller Würmer war. Der Teich lag in Birmingham, einer alten Metaller-Stadt in Großbritannien. Nach einer Reise von einem Tag kamen wir in einem alten Hotel an, um dort auf den Koi-Besitzer mit dem Namen Gray zu warten, der uns abholte. Wir würden drei Tage bleiben, länger brauchte man uns nicht. Für mich war das alles ein großes Rätsel. Grüner Teich, Würmer? Nun ja, wir wollten es uns ansehen.

Ich hatte Mitgefühl mit dem Mann, den ich noch nicht einmal kannte. Er ließ drei Leute, Shinji, Tom und mich, die ganze Reise aus den Niederlanden und Belgien zu ihm machen, um das Problem mit seinem Teich zu analysieren. Shinji blieb gelassen bei all diesem Abenteuer und trank wie immer seinen Tee. Witzig daran war allerdings, dass es nicht sein grüner Tee war, sondern englischer Tee, der wohl eine gute Stunde auf dem Herd gestanden hatte. Schon dafür ist es das alles wert.

Nach einer halben Stunde kam Gray durch den strömenden Regen angelaufen. Tränen liefen über seine Wangen. Er konnte nicht glauben, dass wir wirklich dort waren, und schon gar nicht, dass wir einen Japaner mitgebracht hatten. Aufgeregt erzählte er uns, wie es um seinen Teich und seine Fische stand. Seine Frau, die sich inzwischen auch zu uns gesetzt hatte, beendete die Geschichte für ihn, ihr Mann wurde von seinen Gefühlen überwältigt. Wir verabredeten, am nächsten Morgen sehr früh zum Teich zu gehen. Problem hierbei war einzig und allein, dass es wirklich „sehr früh" sein würde, wenn Shinji von „sehr früh" sprach.

Wir standen an dem Morgen also um fünf Uhr vor der Tür. Sicherheitshalber tranken wir Kaffee. Gray hatte sich inzwischen ein wenig beruhigt und erzählte, dass er am späten Abend noch einen toten Fisch aus dem Teich geholt habe. Shinji fragte, ob er den Fisch noch habe, um sich diesen einmal anzusehen. Einmal anzusehen? Was für eine schmeichelhafte Formulierung! Der Fisch wurde komplett geöffnet und dann ganz und gar begutachtet. Links und rechts fanden sich einige Würmer. Shinji murmelte für uns unverständlich vor sich hin.

Die Morgensonne ging auf und wir gingen zum Teich, um zu sehen, wie es den Fischen jetzt ging. Nun ja, nach den Fischen zu sehen? Das war nicht so ganz einfach. Shinji setzte sich in aller Ruhe, um sodann eine Weile zu schweigen. Es hat sehr lange gedauert, bis ich sein Verhalten verstand. Und erst nach meinen Besuchen in Japan verstehe ich den Unterschied jetzt richtig.

Was reden wir doch viel und wie ruhig bleiben doch die Japaner.

Nach einer Stunde des Fangens und Zurücksetzens hatte Shinji genug gesehen. Er vereinbarte mit Gray, dass wir in zwei Stunden wieder zurück sein würden und fragte ihn nach dem nächstgelegenen Bauernhof. Jetzt geht's los, dachte ich. Wenn das so weitergeht, melken wir zum Schluss noch Kühe. Aber ich ließ mich überraschen. Einige Zeit später bekam ich auch schon einen Auftrag. Ich sollte zum Schlachter gehen und zwei Kilo Geschnetzeltes vom Rind holen. Echt cool, einen halben Tag in England und man besucht schon den örtlichen Schlachter.

Nun ja, für eine leckere Mahlzeit geht man ja auch gern mal eben auf die Suche. Tom und Shinji gingen in einen Baumarkt und zum nahe gelegenen Bauernhof.

Wieder zurück bei Gray stand der gesamte Gartentisch voll leckerer Brötchen. Während dieser Mahlzeit lagen links von mir so ungefähr fünfzig Meter Seil und zwölf Ballen Stroh. Das Rindergeschnetzelte hatten wir zur Sicherheit in den Kühlschrank gelegt, und zwar in einen echt antiken Kühlschrank, für den man noch Eisstäbe im Laden um die Ecke holen musste. Nach eingehender Betrachtung hatte ich so meine Bedenken. Seil, Rindergeschnetzeltes und Strohballen. Es würde noch ein toller Tag werden. Tom und Gray schienen meine Gedanken lesen zu können und fingen an zu diskutieren. Shinji durchschaute das und begann zu lachen.

Nach einem leckeren Essen widmeten wir uns der vor uns liegenden Aufgabe aus einem Blickwinkel heraus, der mir im Nachhinein, egal aus welcher Sicht ich ihn beleuchte, sehr logisch erscheint. Vor allem vor dem Hintergrund der Geschichte. Aber nun gut, man muss auch wissen, wie. Das Tau wurde über die Länge des Teiches vermessen, um dann alle zwanzig Zentimeter ein Seil mit einer Länge von rund 25 cm daran zu hängen. An diese kleinen Seilstücke wurde das Rindergeschnetzelte gebunden. So entstand eine Kette, deren Schmuckstück ...die Strohballen waren. Diese wurden wie die Zeiger einer Uhr um den Teich herum verteilt. "So," sagte Shinji, zufrieden mit seiner Arbeit, "lass' das mal 24 Stunden ruhen."

Ruhe, die konnte ich gut gebrauchen. Shinji erzählte seine Geschichte. Was mich am meisten faszinierte, war die Marinade, mit der er das Rindergeschnetzelte einrieb. Shinji war der Meinung, dass die Würmer das rohe Fleisch besiedeln würden, um dies zu verzehren. Die Kräuter auf dem Fleisch würden die Würmer noch schneller anlocken. Der Geruch war zum Weglaufen, fand ich. Das Tau wurde in den Teich gelegt und die Fische schwammen in Richtung des Geschnetzelten. Ich fragte Shinji, ob das rohe Fleisch den Fischen nicht schaden könne. Aber er wies mich darauf hin, dass sich darin gerade sehr wichtige Antioxidantien für die Fische befänden. Die Fische könnten sich hiermit durchaus etwas Gutes tun. Antioxidantien? Für mich ein neues Wort. Was hatte dies mit den Fischen zu tun? Shinji antwortete: "Wenn die Zeit reif ist, wirst du alles Wichtige hierüber erfahren."

Einen Tag später fuhr ich mit einigen Zweifeln zu Gray. Was würde wohl mit dem rohen Fleisch sein? Und was mit dem Stroh? Mutig sagte Tom: "Natürlich geht das alles". Ich begann daraufhin mit ihm darüber zu diskutieren, aber es fehlten mir einfach die Argumente, ich konnte meine Geschichte nicht begründen. Bei unserer Ankunft wurden wir von Gray bereits mit dem Frühstück erwartet. Endlich, ein echtes englisches Frühstück. Ich selbst hatte fast keinen Hunger, meine Neugier überdeckte dieses Gefühl. Shinji aber machte mir klar, dass es nach der höchsten Form der japanischen Etikette als Beleidigung betrachtet würde, diese Einladung abzulehnen. Na klar, du hast natürlich Hunger, dachte ich im Stillen.

Nach dem Frühstück gingen wir zum Teich. Das Mikroskop wurde eingesetzt, um einen Abstrich zu begutachten. Durch meine Unruhe merkte ich erst später, dass wir rund fünfzig Zentimeter tief in das Wasser blicken konnten und schon durchaus einen Fisch schwimmen sahen.

Das Seil mit dem Rindfleisch wurde aus dem Teich gezogen. Und ja, tatsächlich, was für ein Gestank. Links und rechts gab es Wurmbefall. Gray kam mit seinem Netz und wir begannen, einen Fisch zu fangen. Shinji bat darum, ein Glas mitnehmen zu können. Dieses benutzte er für einen Abstrich vom Rindfleisch. Ja, echt, das war Woodstock live. Soviel hatte ich noch nie gesehen. Aber natürlich wollte ich auch den Abstrich von dem Fisch haben. Gray hatte inzwischen einen schönen Kohaku gefangen und ihn behutsam an die Seite gebracht. Shinji befühlte den Fisch von unten und nahm einen Abstrich der Haut und der Kiemen. Nach dem Observieren des Abstrichs nahm er auf einer Bank im Garten Platz. "Dies ist nun ein deutliches Signal der Natur," sagte Shinji. "Jedes Lebewesen setzt seine eigenen Prioritäten." Ah, ja, eine nette Aussage. Für mich war das natürlich wieder so eine, die ab ins Buch wanderte, um dann irgendwann einmal ergründet zu werden.

Wenn die Zeit reif dafür war…

Zur Sicherheit wurden noch fünf Fische kontrolliert, bei denen sich zeigte, dass noch einer einen Wurm hatte. Gray bekam den Rat, das Stroh noch einen Tag liegen zu lassen, um das Wasser ganz klar zu bekommen. Danach konnte er das Stroh noch einmal austauschen. Die Sache mit dem Rindergeschnetzelten könnte er auch noch einmal wiederholen, war mein unmittelbarer Gedanke, aber zu meiner Verwunderung sagte Shinji, dass dies, wenn das Wasser wieder klar sei, nicht mehr erforderlich sein würde.

Was passierte im Jahr 1990? Gray hatte einen Pflanzenteich mit einem Wasserfall verbunden, der stündlich aus ging. Dies hatte stündlich stehendes Wasser zur Folge. Und dies ging natürlich mit Wärme einher, da wir einen heißen Sommer hatten. Hierdurch entstand eine ideale Brutstätte für die Würmer. In dieser Situation konnten die Pflanzen auch nicht optimal anwachsen, wodurch wiederum der Nitratwert im Wasser sehr hoch war.

Meine Lehre aus dieser Reise habe ich gezogen und zum ersten Mal hatte ich gelernt, zur Basis zurück zu gehen. Es ist immer einfacher, etwas unbedacht oder grundlos zu tun. Daher stelle ich mir seitdem immer selbst die Frage, warum ich etwas mache. Shinji lehrte mich außerdem, weiter zu blicken als nur auf die Würmer und den grünen Teich. Durch die Suche nach dem Ursprung, der Basis, wurde die Aufmerksamkeit auf die Ursache von Grays Problem gelenkt. Hätten wir uns nicht darauf konzentriert, hätte er nach einiger Zeit wieder dasselbe Problem gehabt, und wiederum mit allen unangenehmen Folgen.

Eine Lehre, die ich bis zum heutigen Tag bei vielen Koi-Besitzern leider vermisse. Koi-Besitzer erschrecken oft sehr schnell, wenn sie das Wort Parasiten oder Würmer hören. Überprüfen Sie sich einfach einmal selbst und überlegen Sie, an welcher Stelle der Fehler stecken kann. Medikamente sind schnell verabreicht, obwohl man oft nicht weiß, wie der Schaden eigentlich entstanden ist. Versuchen Sie einmal, den Kern der Ursache für das Problem herauszufinden. Suchen Sie den Weg des Bonsais. Kehren Sie zurück zu Ihren Handlungen, um so die Ursache herauszufinden. Alles hat eine Ursache. Wie gehen Sie mit einer bestimmten Situation um? Und wie finden Sie hierin Ihre Ruhe?

Shinji: "Das Geräusch der Pumpe ist ebenso notwendig wie die Harmonie der Umgebung."

Auch bei schlechtem Wetter läuft der Handel weiter!

5

Die Anatomie

des Kois

I

Die Anatomie des Kois: für Shinji der Topf des Bonsais. Seine Botschaft war deutlich: gibt es Probleme mit dem Nishikigoi, dann kehre immer zur Basis zurück.

Die innere Anatomie. Eine Geschichte, mit der ich zu Anfang viele Probleme hatte. Es ist oft schwer, zu kommunizieren, wenn die Ebenen des Fachwissens deutlich voneinander abweichen. Das ist ebenso, wenn beide Parteien glauben, eine eigene Meinung zu vertreten. Überzeugt, wie ich es nun mal war, musste er mich überzeugen. Auf der anderen Seite stand ich gegen vier Generationen Erfahrung und Fachwissen im Ring. Es war wichtig, dass meine Einstellung schnell durch eine klare Argumentation umgeformt werden musste. Shinji blieb hierbei immer ruhig und sicherte dies ab mit seiner Auffassung:

"Lerne die Natur kennen, und du kannst an ihr nicht mehr vorbeikommen."

Ich wusste das Wichtigste über unsere Einstellung. Aber nach Jahren der Erklärung über die interne Anatomie des Kois blieb meine Frage, wie groß der Topf des Bonsais war, wenn all dieses zur Basis gehörte. Ich fragte mich, welche wissenschaftlichen Tests dem vorausgegangen waren. Vor allem auch deshalb, weil der Koi in Japan auch noch immer ein Fisch zum Verzehr ist. Fakt ist: aus Untersuchungen im Jahr 2004 geht hervor, dass in Japan 237 Kilo Fisch pro Jahr pro Kopf verzehrt werden. Wenn man noch nie dort gewesen ist, ist es schwer, sich das vorzustellen. Sollten Sie aber einmal die Gelegenheit haben, werden Sie erstaunt feststellen, wie viel tatsächlich verzehrt wird.

Das Blut. Kehren wir zur Basis zurück. Der Test mit dem Blut beeindruckte mich am stärksten. Dieser zeigte, was alles in so einem Fisch passiert. Für mich war immer klar gewesen, dass das Blut den Sauerstoff über die Kiemen aufnahm und das Kohlendioxyd ableitete. Nach dieser Aussage lachte Shinji respektvoll in seine Faust. Durchaus ernsthaft aber sagte er:

"Das Blut sorgt für die Reinheit. Eine Reinheit, die Garant für die Schönheit und die Qualität des Nishikigoi ist. Das Blut schafft den Koi und es bricht den Koi."

Jetzt, zwanzig Jahre später, ist mir diese Aussage sehr klar, aber zu der Zeit war sie es nicht. Ich stellte mir selbst die Frage, in welchem Film ich gelandet sei. Nicht, dass ich respektlos darüber dachte. Ich bekam es einfach nicht auf die Reihe. Das war 1990. Zu dieser Zeit machte ich mir jede Menge Aufzeichnungen. Ein anderer Block lag ebenfalls neben mir, um die Fragen zu notieren. Nach zwei Stunden des Notierens, sah ich, dass ich nichts auf den Fragenblock geschrieben hatte. Das aber lag nicht daran, dass ich alles verstand. Im Gegenteil. Aber über die Art und Weise, in der Shinji es sagte, wie "hier liegt der Ursprung des Syowa (Showa)", machte ich mir durchaus ein wenig Sorgen. (Das Geheimnis, die Schönheit in diesen Nishikigoi zu bringen, hörte ich erst zehn Jahre später).

Beginnen wir aber zunächst einmal bei der Geschichte von Shinji. Das Blut des Nishikigoi hat drei Eigenschaften mit spezifischen Funktionen:

• Die weißen Blutkörperchen

Eine für alle und alle für eine. Bis auf die Tatsache, dass es verschiedene gibt, haben alle Blutkörperchen ihre eigene spezielle Funktion.

Sie sammeln sich an den Stellen im Körper, an denen der Fisch ein Problem, wie zum Beispiel einen Virus, eine Entzündung oder ein bakterielles Problem, hat. Bei offenen Wunden arbeiten sie in mehreren Gruppen intensiv an der Genesung. Die eine repariert das geschädigte Gewebe, während die andere sie eventuell tote Gewebe entfernt. Wiederum eine andere übernimmt die Bakterien. Alle zusammen kümmern sich so um eine schnelle Reparatur. Shinji erzählte, dass bei einer lang anhaltend geröteten Wunde eine Störung bei der Herstellung roter Blutkörperchen vorliegen könne, und dass man dann eine beginnende Anämie ausschließen müsse. Normalerweise, wenn der Blutbildungsprozess gut wäre, sah man auch bereits deutlich das weiße Fleisch des Kois. Dann beginnt eine Wunde zu heilen. Die wichtigste Funktion, die die weißen Blutkörperchen übernehmen müssen, ist die Aufrechterhaltung ihrer Widerstandsfähigkeit. Shinji fand, dass die Kraft dieser Blutkörperchen oft unterschätzt würde. Seine Erfahrung hatte ihn zu der Auffassung gebracht, dass nur allzu schnell auf "verrückte Mittelchen" zurückgegriffen würde. Seine Meinung war eindeutig: "Lass die Natur ihre Arbeit machen. Sorge dafür, dass das Wasser in Ordnung ist, und der Koi wird die Kraft finden, sich selbst zu heilen." Für Shinji waren zwei Punkte für den Koi am wichtigsten: die Wasserqualität und das Futter.

• Die roten Blutkörperchen

Shinji benutzte diesen Namen nicht. Er hatte immer Probleme mit der Aussprache, sowohl im Niederländischen als auch im Englischen. Daher benutzte er das Wort Eiweiß. Es steht für Hämoglobin, das den Transport des Sauerstoffs und des Kohlendioxyds regelt. Rote Blutkörperchen bestehen zu rund 90% aus Eiweiß, das auch für die Farbe des Blutes Aka (rot) verantwortlich ist. Der wichtigste Prozess der roten Blutkörperchen passiert in den Kiemen. Dies ist ein komplexer Prozess. Die Haut am Gewebe der Kiemen ist so dünn, dass das Wasser hier am besten Kontakt hat und die Wechselwirkung zwischen Sauerstoffaufnahme und Ausstoß des Kohlendioxyds stattfindet.

Durch das Drehen der Fische sah Shinji ob die Muskeln auf beiden Seiten gleich waren und ob diese Wechselwirkung gleichmäßig verlief. Die Muskeln des Kois konzentrierten sich hauptsächlich in drei Gruppen. Zwei starke Bündel auf der linken Seite, zwei starke Bündel auf der rechten Seite und zwei weniger dicke Bündel von den Brustflossen ausgehen zur Analflosse, die weniger stark funktionieren.

• Das Plasma

"Eine komplexe Verbindung mit Funktion", so definierte Shinji das Plasma. Das Plasma des Kois besteht zu rund 90 % aus Wasser, 6 bis 7 % aus verschiedenen Eiweißmolekülen, vor allem dem Eiweiß Albumin, das unter anderem für den pH-Puffer oder auch die Aufrechterhaltung des osmotischen Wertes verantwortlich ist. Das Plasma besteht zu rund einem Prozent aus anorganischen Stoffen, Stoffe, zu denen zum Beispiel Calcium und Natrium gehören. Der Rest sind organische Stoffe wie Nährstoffe, Proteine und Hormone. Jeder Stoff hat seine eigene Funktion.

In den darauffolgenden Jahren verstand ich seine Erklärungen immer besser, vor allem alle, die sich um Enzyme, Aminosäuren und die große Bedeutung von Antioxidanten drehten. Außerdem stießen wir immer wieder auf die Geschichte über das Blut, vor allem, wenn wir dem Futter Pflanzen und Kräuter beimischten. Es war wichtig, dass diese immer in unterschiedlichen Kombinationen verabreicht wurden. Hierdurch ergab sich der höchste Ertrag für die Vitalität des Kois.

Der Tag war sehr anstrengend und ich hatte Mühe, alle Informationen zu verarbeiten. Und als wäre das alles noch nicht genug, bekam ich noch einen wissenschaftlichen Test über das Blut vorgesetzt. Shinji nahm mich in dieser Geschichte mit nach Japan. Er erzählte über die Situation, in der sich der Fisch dort befand, und für den Export nach Europa vorbereitet wurde. "In dem Moment passieren verschiedene Dinge, die für den Koi nicht gut sind." Als die drei wesentlichen Missverständnisse betrachtete er:

• Den Druckunterschied
Für den Koi ist es wichtig, dass er einen bestimmten Druck auf sich hat, aber dieser ist während des Transports verschwunden.

• Neue Wasserqualität
Der Koi muss sich immer daran gewöhnen, wenn er in neuem Wasser schwimmt. Es ist dabei egal, ob die Zusammensetzung besser oder schlechter ist. Der Koi braucht immer Zeit, um sich einzugewöhnen.

• Futter
Der Koi ist an das Futter gewöhnt, das er in Japan bekam. Jeder Züchter vertritt eine eigene Philosophie, nach welcher er den Koi züchtet. Grundsätzlich braucht der Koi zwei Wochen, wenn er einem abrupten Futterwechsel ausgesetzt wird, um sich zu gewöhnen. Wenn der Koi an seinem Ziel angekommen ist, wird er mit einer neuen Situation konfrontiert. Er muss sich an seine neue Umgebung anpassen und die Produktion der roten Blutkörperchen sinkt. Die Milz und die Nieren arbeiten dann weniger.

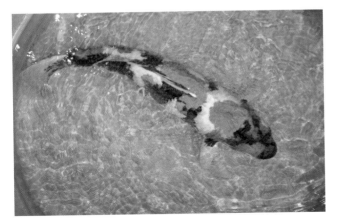

Dies dauert in der Regel drei bis vier Tage. Dann reguliert sich die Produktion, sodass der Wert um den achten Tag herum sogar über dem Durchschnitt liegt. Dies wiederum korrigiert sich um den zehnten bis vierzehnten Tag herum.

Für Shinji war es daher auch deutlich, dass man den Koi in den ersten vierzehn Tagen in Ruhe lassen sollte. Ich erklärte Shinji, dass es hierzu verschiedene Ansichten gab. Shinji aber brachte mich wieder auf den Bonsai: "Du kannst nicht einfach einen ausgedörrten Zweig abschneiden, ohne zu wissen, warum er so geworden ist, mehr noch, auf Dauer wird er dann sterben"

Das Auswählen:Die Sicht des Züchters.

Wissen wird vom Vater an den Sohn weitergegeben.

Shinji:

Es ist gut, deine Gedanken

inmitten allen Lärms

zum Schweigen zu bringen.

6

Die Anatomie

des Kois

II

Der Blutkreislauf.

Im Gegensatz zum Menschen hat der Koi einen einfachen Blutkreislauf. Beim Menschen pumpt die rechte Seite des Herzens das Blut zu den Lungen, während die linke Seite das Blut durch den ganzen Körper pumpt. Der Fisch besitzt ein einfaches Transportsystem. Nachdem die Kiemen den Sauerstoff aufnehmen, geht dieser als erstes zum Gehirn. Das Herz des Kois besteht aus vier hintereinander sitzenden Kammern. Außerdem strömt das Blut weniger kräftig als bei einem doppelten Blutkreislauf. Die Geschwindigkeit des Blutkreislaufs passt sich der Aktivität des Kois an. Im Winter ist dieser äußerst niedrig, da seine Aktivitäten durch die Kälte erheblich weniger sind. Im Sommer ist dies natürlich anders herum; es gibt eine höhere Strömungsgeschwindigkeit und eine höhere Aktivität. Hierdurch macht man, so Shinji, mit dem Koi oft Fehler. Wenn der Fisch liegt, dann lass ihn liegen. Gehe nicht mit einem Netz los, um zu sehen, ob er noch lebt. Sie zwingen den Fisch mit Ihrem Netz sonst zu einer Aktivität, für die seine Vitalität in dem Moment nicht ausreicht. Im schlimmsten Fall kann dies zu seinem Tode führen. Wenn ein Fisch liegt - Shinji nannte dies gelegentlich auch die Mji-Me-Haltung - dann fühlt er sich in dem Moment in dieser Haltung einfach am wohlsten, auch wenn er hierzu durch externe Faktoren gezwungen wird (zum Beispiel deshalb, weil sein Besitzer den gesamten Teich abkühlen lässt).

Die wichtigsten Funktionen des Blutkreislaufs sind der Transport von Sauerstoff und Nährstoffen und das Ausscheiden von Kohlendioxyd. Ammoniak gelangt ebenfalls über die Kiemen ins Wasser. Nachdem das Gewebe die Nährstoffe aufgenommen hat, verlassen die stickstoffhaltigen Abfallstoffe (Ammoniak) den Fisch. Mit diesem Mechanismus spielte Shinji immer. Ein neu angelegter Teich erreichte nicht schnell genug den Ammoniak-Spitzenwert, den er gern wollte. Er ging einmal sogar so weit, in aller Gemütsruhe seinen Morgenurin in unserem Teich zu hinterlassen, und zwar auf eine sehr humorvolle Weise und fragte daraufhin sogar noch, ob nicht vielleicht jemand in der Nachbarschaft schwanger sei, weil dieser Urin einen noch höheren Mehrwert für Filter und Teich bieten würde. Die Nitrifikation arbeite dann schneller. Wenn der Nitritwert auf der Spitze war, fügte er noch Kräuter hinzu, um für den Fisch eine noch behaglichere Umgebung zu gestalten.

Das Herz.

Hier erzählte Shinji nie viel drüber; ein großer Muskel mit vier hintereinander liegenden Kammern. Shinji lehrte mich, dass sich der Druckpunkt des Herzmuskels unten hinter den Kiemen befinde. Dieses nutzte er durchaus gelegentlich für eine Herzmassage. Es kam durchaus auch einmal vor, dass die so verschleimt waren, dass er diese Massage nach dem Reinigen der Kiemen durchführte. Wenn die Kiemen zu schnell auf und zu gehen, wird dies oft durch einen Sauerstoffmangel oder durch Parasiten in den Kiemen verursacht. "Hierauf muss man genau achten," warnte Shinji.

"Da der Fisch durch das Manipulieren durch Dritte aktiver wird, gehen die Kiemen schnell auf und zu, was zu einem erheblich schnelleren Blutfluss führt"

Für den Fisch ein warnendes und ausgleichendes Verhalten, das der Koi-Besitzer erkennen muss. Warten Sie in dieser Situation immer erst ein paar Stunden ab. Es ist erstaunlich, wie schnell sich der Koi wieder beruhigt.

In dieser Phase können die Kiemen weniger rot sein. Oft erschrickt der Koi-Besitzer dadurch. Schnell denkt man dann an Blutarmut, oder schlimmer noch, man denkt an Trypanosoma (die Schlafkrankheit). Bei der Schlafkrankheit ist der Fisch sehr ruhig. Der Parasit, der sich dann in seinem Blut befindet, ist sehr hartnäckig. Dieser wird durch Blutsauer übertragen und tritt bei unserem Hobby so gut wie nie auf.

Sollte Ihr Fisch diesen Parasiten unglücklicherweise doch haben, ist dieser nicht zu retten. Es gibt kein Mittel, dass hier Wirkung zeigt. Wohl aber gibt es bereits Produkte, die bei Blutarmut Wirkung zeigen. Aber auf der anderen Seite muss ein Fisch ausreichend vital sein, um gesund zu bleiben.

Die Milz und die Nieren sind die wichtigsten Produzenten der weißen Blutkörperchen. Die Nieren (zwei Stück) haben auch noch andere Funktionen, zu denen die Entsorgung von Abfallstoffen gehört. Auch helfen sie der Milz bei der Blutproduktion. Die Milz hat ebenfalls die Eigenschaft, die Blutproduktion zu speichern. Pro Tag wird 1 % des vorhandenen Blutes produziert.

Shinji wurde während der Erklärung über die Milz und die Nieren von einem Koi abgelenkt, der mit seinem Kopf in einem 45 Grad Winkel nach unten hing. Er sah mich eindringlich an und stieß eine Frage in meine Richtung. "Was hältst du davon?" Seufzend setzte ich mich auf einen Stuhl, um nachzudenken, bevor ich vorschnell antwortete und Shinji eine Steilvorlage bieten würde, "mich hochzunehmen".

Meine Meinung war, dass Shinji immer sehr sorgfältig und umsichtig für alles sorgte, somit war ein Parasit ausgeschlossen. Und auch ein Wurm hatte sich sicher nicht in den Körper des Koi verirrt. Außerdem hatten die Koi soeben gut gegessen. Und sonst war mir auch nichts Merkwürdiges aufgefallen, als ich heute Morgen auf die Pracht im Teich blickte. Lange Rede, kurzer Sinn, meine Antwort überrasche nicht sonderlich: "Ich weiß es nicht, Shinji."

Shinji blieb ruhig und fragte, ob ich noch Tee wünsche. Mir war klar, dass ich jetzt aufpassen musste. Paul, dachte ich, jetzt gibt's was auf den Deckel. Auf eine Antwort hoffend, machte ich noch einen letzten Versuch. Ich sagte, dass ein Unwetter aufziehen würde. Dieser Koi nahm bereits jetzt eine ausgleichende Haltung wegen des sich ändernden Drucks ein. Shinji reagierte direkt. Wenn sich durch ein drohendes Unwetter der Druck ändern würde, wäre nicht gefüttert worden. Da sich der Druck sehr belastend auf die Verdauung des Futters auswirken könne, riet Shinji immer davon ab, vor einem Unwetter zu füttern. Schlimmstenfalls kann dies tödlich enden.

Shinjis Aussage zufolge starben in Japan während eines Unwetters öfter Fische. Dies entstand aus der Tatsache, dass die Weibchen durch den Druck Laich ablegten, wodurch es eine zu hohe Futteraufnahme gab. Dann lieber Tee trinken, ich hatte einfach keine Antwort. Shinji setzte sich zu mir. Er wies mich auf die Arbeiten hin, mit denen die Gemeindearbeiter schon den ganzen Vormittag beschäftigt waren. Weil das Grundwasser zu hoch stand, musste man, bevor man mit dem Neubau beginnen konnte, neue Pfosten in die Erde schlagen.

Shinji erklärte mir das Skelett des Fisches. In den vorderen Teilen dieses Skeletts befanden sich die Weberschen Knochen, die mit der Schwimmblase und dem Innenohr in Verbindung stehen. Durch die Vibrationen des Ganzen wurden Geräuschwellen und Bodenvibrationen verursacht, durch die der Fisch zu viele Vibrationen auf seiner Schwimmblase hatte. Daher nahm er diese warnende und korrigierende Haltung ein. Diese Bodenvibrationen treten auch nach einem Winter mit strengen Frostperioden auf. Fische hängen somit öfter in dieser Haltung. Reagieren Sie darauf nicht zu schnell mit irgendwelchen Mittelchen! Es ist nur eine ausgleichende Haltung, weil der Nishikigoi sehr vibrations- und druckempfindlich ist. Er hat für jeden Druck eine spezifische Haltung, um diesen auszugleichen. Bei hohem Luftdruck nimmt der Fisch nach der Nahrungsaufnahme ebenfalls diese ausgleichende Haltung

ein. Wenn das Futter von seinen Kehlzähnchen zerkleinert wurde, setzten die Enzyme die Verdauung in Gang. Im Dickdarm wird dieses Futter dann verdaut. Die Nährstoffe werden dann vom Blut aufgenommen. Ist der Außendruck zu hoch, kann eine Störung dieses Prozesses eintreten.

Ich hatte wieder einen anstrengenden Tag mit vielen Informationen hinter mir. Damit würde ich mich noch so einige Zeit beschäftigen. Erst später sollten diese Informationen richtig zu mir durchdringen.

7

Die Anatomie
des Kois
III

Shinji lehrte mich, weiter zu blicken als auf das, was vordergründig vor mir lag. "Versuche, den Bonsai vor Augen zu haben. Kehre dann zur Basis zurück. Suche die Herausforderung in dem Problem, das vor dir liegt," waren seine bekanntesten Aussprüche.

Hin und wieder besuchten wir Menschen, deren Fische ein Probleme hatten und eine operative Behandlung benötigten. Meistens sah ich dann zu; die beste Art, um zu lernen. Die Art, in der Shinji einen Fisch aufschnitt, ohne dass dieser starb oder ein vitales Organ verletzt wurde, war absolut bewundernswert. Je nach Größe der Öffnung wurden verschiedene Facetten besprochen. Ich kann mich noch daran erinnern, dass ein Fisch ein Leberproblem hatte, ich aber während der Operation auf die Pankreas zeigte. Shinji lachte. "Hier irrt jeder," sagte er. Ich selbst dachte immer, dass die Bauchspeicheldrüse des Menschen die gleiche Funktion wie die bei Fischen hatte. Das aber stimmt nicht. Bei Fischen ist die Bauchspeicheldrüse der Hauptproduzent der Futterverdauungsenzyme, die bereits gemahlenes Futter im Dickdarm verarbeiten. Das Leberproblem war entstanden, weil zu einseitig gefüttert worden war. Ich verstand dies zu dem Zeitpunkt nicht so genau, es standen nämlich genug Schalen mit Fischfutter herum.

Meine Auffassung zu dieser Zeit war schlicht: Futter ist Futter. Sonst würde es ja nicht auf dem Etikett stehen. Aber das war 1991. Ein solches Leberproblem gab es bei mir Zuhause nicht. Für mich Grund genug, diese Sache abzuhaken. Nun ja, ich sollte eines Besseren belehrt werden. "Kehre zur Basis zurück und du wirst später lernen, wie wichtig Rohstoffe sind. Und welche Stoffe wohl und andere nicht für die Vitalität des Kois notwendig sind," sagte Shinji. Es war zum Verrücktwerden. Diese Aussage war auf Dauer etwas ermüdend.

Ich hatte das Gefühl, nicht weiterzukommen. Später zeigte sich, dass dies meine eigene Schuld war. Ich befand mich in einem inneren Kampf, weil ich alles direkt aufnehmen und begründen können wollte. Shinji fand immer seinen Frieden hierin. Ich bewundere ihn bis heute dafür. Ruhe, Junge, Ruhe, Junge, wo nahm der Mann sie nur her? Ein bekannter Spruch von Shinji passte gut hierzu:

"Der Mensch braucht kein Seil, um sich selbst festzubinden."

Ich wollte an dem Tag noch erfahren, wie der Fisch die Druckveränderung spürt. Es folgte eine nette Erklärung. Ich sollte mir vorstellen, dass vom Kopf bis zum Schwanz des Fisches mit Flüssigkeit gefüllte Drähte verlaufen würden. An der Außenseite dieser Drähte verlaufen Öffnungen, auch Poren genannt. Diese können jede Druckveränderung spüren, auch wenn diese noch so klein ist. Ebenso helfen sie bei drohender Gefahr, wie zum Beispiel Booten, Menschen oder Raubfischen. Bei einer Druckveränderung oder einer Gefahr schwimmen die Fische dann sehr eng zusammen. Das ist für sie eine Art der Kommunikation. Hiermit entwickeln sie auch ihren Tastsinn, denn die Fühler des Karpfens sind sehr genau. Außerdem sind sie ein Teil des Nervensystems: einem komplizierten Netzwerk, dass für die richtigen Informationen in den Vitalorganen wie dem Gehirn, den Därmen und den Muskeln sorgt. Das Außennetzwerk ist mit einem Zeppelin vergleichbar, der sich gleichmäßig aufgeteilt in seinen Tauen befindet.

Im Laufe der Jahre lernte ich immer mehr über die Basis des Bonsais. Der Fisch wurde eins mit diesen Gedanken. Auf der Suche nach Lösungen ging ich hierdurch oft zu weit. Shinji fand das nicht schlimm. Du musst das positiv betrachten. "Da du immer weiter nachdenkst, bist du sehr bewusst mit deinem Hobby beschäftigt. Dein Wille zu lernen bleibt erhalten, das ist gut so."

Ich wollte mehr wissen über Enzyme, aber als ich dazu einer Frage stellte, sah Shinji mich etwas irritiert an. "Du willst wohl sehr tief in die Materie einsteigen," antwortete er und fand dass ich noch nicht reif dafür war. Alles brauchte seine Zeit. Einfache Antwort, dachte ich, und ich ließ spüren, dass ich absolut reif genug dafür war. Shinji verglich mich mit sich selbst, wie er früher bei seinem Vater war; immer weiter nach Wissen bohrend. Letztendlich war Shinji dann doch bereit, ein Stückchen des Schleiers zu lüften. Aber bevor Shinji etwas über die Enzyme erzählen wollte, bekam ich Informationen darüber, es handelte sich um die Basis des Fisches.

"Mineralien, Kräuter, Vitamine und Pflanzen können nur oder in Kombination mit einer Beigabe eine Unterstützung der verschiedenen Prozesse beim Fisch sein. Diese Elemente können einen hervorragenden Beitrag zur Vitalität und Gesundheit des Fisches beitragen. Lernen Sie, warum man welche Rezepte einsetzt. Sichern Sie Ihre Auffassung immer ab und gehen Sie sorgsam damit um."

Ich sog all diese Informationen wie ein Schwamm auf, um so schnell wie möglich mehr über den Körper des Fisches zu erfahren, aber Shinji lehrte mich auch, dass Geduld eine wunderbare Sache war.

Einige Monate später, als wir eines Nachmittags mit dem Beschneiden verschiedener Bonsais beschäftigt waren, sprach Shinji endlich über dieses Thema. Er erzählte vom Füttern des Fisches im Winter. Wie geht man damit um? Bei welchen Temperaturen darf noch gefüttert werden? Wie verläuft der Prozess der Verdauung im langen Darm des Fisches? Treten bei diesem Prozess denn keine Verstopfungen auf? Alles Fragen, die aus der Welt dieses wunderbaren Hobbys herausgestellt wurden. Für mich war es in dieser Zeit sehr einfach: sie bekamen schlichtweg in diesem Monaten kein Futter. Shinji fand dieses Denken alles andere als in Ordnung. "So geht man nicht mit seinen Fischen um," antwortete er erbost.

"Weil du nicht weißt, was du zu tun hast, machst du nichts," schimpfte er daraufhin. "Nicht gut, Paul. Das ist nicht respektvoll. Mehr noch, eigentlich muss ich die Polizei rufen." Was für ein Scherz, dachte ich, das kann ja heute noch heiter werden. Shinji fuhr mit dem Umtopfen eines schönen Bonsais fort und ließ mich ein wenig links liegen. Er fand es nicht witzig. Ich dachte nach. Aus der Ecke zusehend beschloss ich, mir einen Besen zu nehmen, um ein paar Zweige und japanische Blumenerde vom Boden zu fegen. Shinji sah mich an. Er wies mich auf typisch abendländische Weise zurecht. "Warum nur ist es hier bei euch so oft so, dass ihr keine Stellung zu eurem Verhalten bezieht?" Es war eine Erfahrung, die Shinji in verschiedenen Jahren gemacht hatte und nicht verstehen wollte. "Denkt ihr denn nicht vorher über eure Einstellung nach?" So, das wurde ein anderer Nachmittag, als ich ihn erwartet hatte. Ich erklärte Shinji, dass ich meine Meinung auch nicht so gut vorbringen konnte. Shinji reagierte hierauf: "Mit anderen Worten: ihr denkt nicht darüber nach, was ihr tut oder sagt. Schön bequem!"

Shinji führte mich wieder zum Bushido zurück.

Er ging ausführlich ein auf Rei (Respekt, Höflichkeit und das richtige Handeln zur richtigen Zeit), einen der sieben Grundsätze, ein. Wenn du weißt, was du sagst und machen kannst, kannst du eine Meinung vertreten.

Dies machst du gegenüber deinen Mitmenschen, deinem Partner, auch bei deinem Hobby, überall. Aber sei dir immer sicher." In dem Moment wusste ich kurz nicht mehr, wie ich mich verhalten sollte, obwohl ich andererseits das Gefühl hatte, dass ein Knoten geplatzt war. In jedem Fall in Bezug auf unsere Kommunikation.

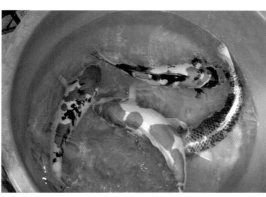

"Sorge dafür, dass dein eigener Bonsai gut blüht, und du wirst sehen, wie viele Früchte deine Zweige tragen können", so lautete an diesem Tag Shinjis letzter Satz.

Ich weiß noch genau, dass ich an diesem Tag mit Kopfschmerzen nach Hause ging. Den ganzen Abend lang dachte ich an Shinjis Worte. Ich konnte oft kaum begreifen, wie es kam, dass Shinji mich so tief berührte. Aber je mehr ich darüber nachdachte, umso mehr passten die Puzzleteile ineinander. So schuf ich die Basis für mein eigenes heutiges Schaffen.

8

Die Anatomie

des Kois

IV

Es vergingen einige Wochen, bis ich Shinji wiedersah. Einerseits fühlte ich mich fast schuldig wegen meines Verhaltens, andererseits war ich aber auch froh über diese Lehrstunde. Die Vereinbarung, die wir nun getroffen hatten, wollte ich dazu nutzen, mich noch intensiver mit dem Innersten des Fisches zu beschäftigen. Mit vielen Fragen bewaffnet fuhr ich in Richtung Deutschland, weil ich Shinji an diesem Wochenende bei einem Koi-Besitzer treffen wollte, der mehrere Go Sanke bei einem japanischen Züchter gekauft hatte. Nach einer dreistündigen Fahrt saß ich gemütlich im Garten, um mich von der Reise zu erholen. Shinji war bereits mit Haut und Haar in die Untersuchung der aus Japan eingetroffenen Fische vertieft. Der Koi-Besitzer sah zufrieden lächelnd dabei zu, während in seinem Garten ein kleiner Japaner herumlief, der seine Fische überprüfte. Sie werden sich vorstellen können, dass innerhalb einer Stunde jede Menge 'Koi-Freunde' ebenfalls den Weg in diesen Garten gefunden und es sich auf der Terrasse gemütlich gemacht hatten. Shinji fuhr unbeeindruckt mit seiner Arbeit fort. Er ließ die letzten frisch gepressten Zitronen im Teich verschwinden. Einem ganz neu angelegten Teich von rund 60 m³, der mit dreißig Fischen gefüllt wurde, die jeweils gut 50 Zentimeter maßen. Alle Fische stammten von einem Züchter. Ruhig ging ich zu den Fischen. Natürlich brannte mir die Frage nach dem Grund für den Zitronensaft, der im Teich verschwand, unter den Nägeln. Es schien, als könne Shinji meine Gedanken lesen. Noch bevor ich meine Frage über die Zunge brachte, begann er zu erzählen, dass der pH-Wert der neu eingetroffenen Fische erheblich niedriger als der pH-Wert im Teich war. Dieser betrug 8,5.

„Wir sind hier Zeuge von einem der größten Fehler, die ein Hobby-Koi-Besitzer machen kann," flüsterte er mir zu. Ob man das nun einen Fehler nennen durfte, möchte ich hier nicht weiter ausführen. Sicher, wenn ich über bestimmtes Wissen nicht verfüge, wird es ein wenig schwieriger. Bei der Aufnahme und der Eingewöhnung des Kois ist es von größter Wichtigkeit für die Enzyme, dass die pH-Werte nicht zu weit auseinander liegen.

Enzyme.

Dies sind Eiweißmoleküle, die dafür sorgen, dass das Umwandeln des Stoffwechsels oder die Verdauung des Futters schnell und effektiv erfolgen. Enzyme werden vom Fisch selbst gebildet, benötigen beim Aufbau allerdings verschiedene Vitamine, die Coenzyme. Diese Vitamine sind am 'Zellstoffwechsel beteiligt. Shinji wollte hierauf nicht allzu tief eingehen, weil dies bei der Zuhörerschar auf der Terrasse – die selbstverständlich inzwischen kollektiv Ohren in der Größe eines "Osterhasen" entwickelt hatte – zu viel Zeit kosten würde. Außerdem wollte er nicht alles Wissen enthüllen. Aber wir bekamen trotzdem eine Erklärung über die Enzyme. Diese erfüllen ihre Aufgabe im Dünndarm. Sie sind für die Verdauung verantwortlich. Außerdem spielen noch verschiedene Faktoren eine wichtige Rolle in diesem langen Verdauungstrakt.

• Die Temperatur
Ist die Temperatur zu hoch? Dann arbeiten die Enzyme nach eigener Herzenslust. Oft wird behauptet, dass die Fische nur wachsen, wenn die Temperatur optimal ist. Dies ist aber nicht der Fall.

• Der Säuregrad oder pH-Wert. Er ist von größter Bedeutung für die Verdauung, also somit auch für die Enzyme, damit der Säuregrad einen bestimmten Wert hat.

Diese arbeiten am besten bei einem pH-Wert zwischen 6 und 7,5. Weicht dieser Wert ab, wird das Aufspalten (der Stoffwechsel der Verdauung) bedeutend weniger sein. Auch während der gewünschten Temperatur ist das Wachstum dann geringer.

Oft hören wir von Koi-Besitzern, dass Fische während des Sommers nicht so schnell gewachsen sind. Wir fragen dann, wie es um den pH-Wert steht. Dieser weicht dann oftmals vom gewünschten Wert ab. Ein anderer wichtiger Faktor, durch den das Wachstum gelegentlich beeinträchtigt sein kann, ist das Futter. Wird der Fisch zu einseitig gefüttert? Sind die wichtigen Coenzyme im Futter (zum Beispiel B1, B2, B3 und B8)? Wir müssen gezielt auf die Nahrung achten, es ist ebenso wichtig für die Enzyme, welche Spurenelemente (z.B. Kupfer, Kalium, Zink und Eisen) sich darin befinden. Oft hört man in diesem Zusammenhang, dass dies in handelsüblichen Futter normalerweise ausreichend sei, worüber man allerdings durchaus unterschiedlicher Meinung sein kann. Wenn Sie mit der Lebensweise des Kois vertraut werden, werden Sie merken, dass seine Vitalität und auch sein Wachstum stark vom Futter abhängig sind.

Shinji ging hier noch einen Schritt weiter. Bei den Aminosäuren liegen seiner Meinung nach Probleme auf der Lauer. Sie sind das größte Problem bei den japanischen Züchtungen. Es ist von großer Bedeutung für das Wachstum und die gesamte Entwicklung, dass die Aminosäuren in geordneten Bahnen laufen. Leberprobleme bei kleinen Fischen werden zu rund 90 % den essentiellen Aminosäuren zugeordnet. Wenn der Fisch älter wird, verändert sich auch sein Bedarf an essentiellen Aminosäuren. Die Anatomie des Kois ist daher komplex. Hierauf müssen Sie sich einstellen.

Züchter halten oftmals geheim, wie sie ihre Fische füttern. Der Koi ist ein Allesesser. Wir schränken ihn oft in seiner Ernährungsvielfalt ein. Bei den meisten Koi-Besitzern besteht diese auch ausschließlich aus Körnerfutter. Ich muss schon sagen, dass ich bei verschiedenen Herstellern durchaus angenehm überrascht bin.

Aminosäuren. Dies sind organische Verbindungen, die die Bausteine für alle Eiweiße oder auch Proteine bilden. Beim Koi befinden sich die Eiweiße in den Muskeln, den Hormonen, dem Blut und den Enzymen. Diese Eiweiße braucht der Fisch sowohl für den Aufbau als auch für sein Überleben. Außerdem stellen sie eine Quelle der Energie dar. Eiweiße sind aus kleinen Teilchen aufgebaut, die wir Aminosäuren nennen. Nach der Verdauung bleiben die Aminosäuren übrig. Aminosäuren sind aus Kohlenstoff, Stickstoff, Wasserstoff, Schwefel (Syowa), Eisen und Sauerstoff aufgebaut.

Shinji:

Zu wissen,
was wir nicht wissen,
ist der Beginn von Weisheit.

Fische brauchen Aminosäuren zum Leben, zum Reparieren von Zellen und für das Bilden von neuem Gewebe und neuen Enzymen. Die Aminosäuren bilden neue Verbindungen, auch Ketten genannt. Hiervon sind gut eintausend möglich. Jede Kombination stimmt mit einer Eiweißart überein, zum Beispiel für die Haut der Fische. Nicht die Aminosäuren selbst, sondern zwei Regler bestimmen die Kombinationen.

DNA und RNA.
Die DNA enthält den genetischen Code des Fisches und gibt die Anweisungen für die Zellproduktion. Die RNA ist der Botschafter und gibt die Anweisungen an die Zellen weiter, in denen die Eiweißsynthese stattfindet.

Shinji: "Für einen starken Koi mit einem optimalen Eiweißstoffwechsel müssen Eiweiße mit essentiellen Aminosäuren gleichzeitig genutzt werden."

Die essentiellen Aminosäuren werden über das Futter verabreicht. Zum Beispiel dadurch, dass man ein Milchprodukt mit einem pflanzlichen Produkt kombiniert. Der Koi benötigt acht essentielle Aminosäuren. Manche hohen Konzentrationen sind in rohem Organfleisch, in Erbsen, Bohnen und mageren Milchprodukten zu finden (denken Sie hier auch an Milchsäurebakterien, die hierbei eine große Rolle spielen).

"Wie wichtig sind Aminosäuren für das Wachstum?", fragte ich. Shinji erklärte mir, dass die Festlegung der richtigen Kombination das bestgehütete Geheimnis der Familie sei. Aber für Sie werde ich doch einen sehr wichtigen Prozess verdeutlichen. Wenn Sie ein besseres Muskelwachstum bei Ihrem Koi erzielen möchten, ist es wichtig, den Wert von drei Aminosäuren, nämlich vom Arginin, Glyzerin und Methionin im Blutkreislauf zu erhöhen.

Der Koi benötigt zum Wachsen Aminosäuren und das richtige Futter. Die verdaulichen Aminosäuren müssen in der richtigen Kombination verabreicht werden. Fehlt eine Aminosäure, wird hierdurch das Wachstum eingeschränkt. Bei älteren Fischen liegen diese Verhältnisse etwas anderes. Hier bleiben die Fische in ihrer Länge oftmals konstant.

Shinji: "Es ist sehr wichtig, welches Futter der Koi bekommt, aber die Art, wie der Körper das Futter des immer größer werdenden Fisches aufnimmt, ist ebenfalls von enormer Bedeutung."

Shinji verabreichte regelmäßig die freie Form der Aminosäuren. Rezepte, die sich mehrfach als förderlich erwiesen haben, finden Sie im fünften Teil dieser Buchreihe. Die Showa (auch in Japan wird der Name Syowa nur noch selten mit einem "y" geschrieben. Man übernimmt immer mehr die westliche Schreibweise, indem man es mit einem "h" schreibt).

Wichtig für den Wachstumsprozess ist auch das sauerstoffbindende Eiweiß Myoglobin, das sich in allen Muskelfasern beim Koi befindet. Myoglobin gehört zur Familie des Proteins Hämoglobin (den roten Blutkörperchen). Seine Hauptfunktion ist der Transport von Sauerstoff. Shinji erzählte mir, dass die Menge des Myoglobins (des sauerstoffbindenden Proteins) in den Muskeln des Fisches nicht in ausreichender Menge vorhanden sei. Es ist enorm wichtig, hiermit sorgfältig umzugehen.

Hier haben die Antioxidanten ihre wichtige Aufgabe zu leisten. Der Koi besteht aus vielen Atomen. Wenn sich mehrere Atome verbinden, sprechen wir von Molekülen. Hierbei handelt es sich um stabile Atome und Moleküle, die als Elektronen um einen Kern zirkulieren. Sie treten in Paaren auf. Wenn Atome und Moleküle nicht gepaart auftreten oder ein einzelnes Elektron besitzen, sprechen wir von freien Radikalen. Die Natur ist immer darauf bedacht, im Gleichgewicht zu sein. Daher gehen auch diese freien Radikalen auf die Suche nach einem anderen Teil, um sich selbst in dieses Gleichgewicht zu bringen. Findet sich kein Partner, suchen sie sich ein anderes Elektron für ihr Gleichgewicht. Sie greifen sich quasi ein Elektron vom erstbesten stabilen Atom oder Molekül, das ihnen in die Quere kommt. Dadurch schädigen die freien Radikalen die stabilen Atome und Moleküle.

Der Fisch besteht aus Zellen, die wiederum aus Molekülen bestehen. Der Fisch hat unglaublich viele Zellen, die jeweils eine ganz spezifische Funktion besitzen. So gibt es zum Beispiel Blutzellen und Muskelzellen. Manche arbeiten in großen Gruppen und bilden hierdurch ein Organ wie die Nieren, die Leber und Milz. Organe funktionieren nur, wenn alle Zellen gute Arbeit leisten. Der Fisch besitzt einen Zellüberschuss, somit ist er also durchaus robust. Wenn aber zu viele Zellen geschädigt sind, führt dies natürlich zu Problemen.

Sie können Ihren Fisch wirkungsvoll vor diesen freien Radikalen schützen, indem Sie die richtigen Antioxidantien im Futter einsetzen. Antioxidantien fungieren somit als Fänger der freien Radikale. Sie sorgen dafür, dass diese stabil werden. Wichtige Antioxidantien sind unter anderem Vitamin C und E, Vitamin-B-Komplex, Zink, Folsäure und Calcium. Diese verabreichte Shinji immer in Kombination mit unterschiedlichem Futter. Waren die Probleme mit den Fischen größerer Art, dann verwendete Shinji das Antioxidans Alfa Liponsäure. Dieses befindet sich in Organfleisch, in Spinat, Rosenkohl und Hefe. Wenn der Fisch zu viele freie Radikale enthält, wird dies gefährlich. Sie haben dann eine vernichtende Wirkung. Ein Überschuss an freien Radikalen kann sogar zum Fischsterben führen.

9

Schwellungen & Entzündungen

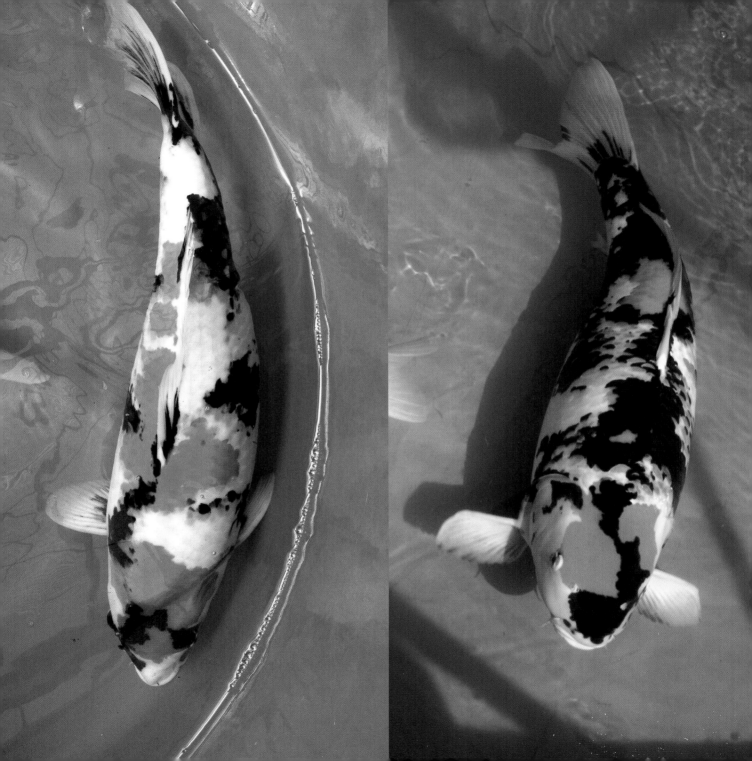

Während einer visuellen Kontrolle werden wir oft aufgeschreckt, weil der Fisch eine Schwellung oder Entzündung am Körper zeigt. Dann wird der erste Fehler schnell gemacht: man konzentriert sich zu stark darauf, wie man die Entzündung oder Schwellung loswerden kann. Das passierte mir anfänglich auch. Nur allzu schnell habe ich dann im Fachhandel nach den unterschiedlichsten Mittelchen geforscht. Meine Frau war darüber nicht sonderlich erfreut, weil diese vermeintlichen Helfer eine Menge Geld kosten. Shinji blieb in dieser Situation immer ruhig. "Kehre zur Basis zurück. Suche den Bonsai auf. Was sagt dir der Bonsai nun?" Langsam analysierte ich das Ganze. Glücklicherweise hatte der Koi-Besitzer, um den es ging, ein Tagebuch geführt. Ich ging alle Schritte durch. Für Shinji war es jetzt wichtig, die Ursache zu finden und mithilfe der Angaben, die ihm zur Verfügung standen, zu analysieren. So gewann ich schnell einen besseren Einblick.

Shinji hatte eine klare Sichtweise: "Immer alles begründen. Immer wissen, was du tust." Während seiner Zeit in Europa traf er oftmals auf diese Situation. Eine umfassende Untersuchung begann sodann. Oftmals waren die Probleme auf das Wasser zurückzuführen. Irgendwann erkannte er, warum es den Koi-Besitzern so schwer viel, die Wasserqualität auf einem einigermaßen guten Pegel zu halten, sie variiert nämlich pro Landstrich und Land in Europa. Es empfiehlt sich daher, so sagen wir es den Koi-Besitzern immer wieder, alle drei Monate eine Analyse vom Wasserversorger zuschicken zu lassen. Kostenlos und von unschätzbarem Wert, wenn einmal tatsächlich Probleme auftreten. Shinji war der Meinung, dass Koi-Besitzer viel über Wasser wissen müssten. "Es ist komplex, den Nishikigoi in den Niederlanden anzusiedeln," sagte er.

Ein anderer Faktor war das Futter: Wie geht man damit um? Im Laufe der Jahre sind von den Futterherstellern gute Tests durchgeführt worden, durch die die Qualität des Futters enorm angestiegen ist. Aus diesen Ergebnissen wird unter anderem auch ersichtlich, dass der Blutkreislauf des Fisches oftmals nicht gut funktioniert. Hier wird dann ein altes japanisches Rezept mit großem Erfolg eingesetzt: ein Spray mit entzündungshemmenden Kräutern, das den Blutkreislauf stimuliert, wie Chelidonium Majes, Ruta Graveolens, Cynara Scolymus, Ceanothus Americanus, Boswellia Serrata, Carduus Marianus und Rhus Toxicodendron. Diese Sprays werden auf die Körner aufgetragen und so an den Koi gefüttert, und zwar sowohl im Winter als auch im Sommer. Dies macht keinen großen Unterschied. Der einzige Unterschied ist der, dass im Winter weniger Körner gefüttert werden. Aber Entzündungen und Schwellungen sind bei höheren Temperaturen auch gefährlicher.

Also, erst wird die Ursache über den Bonsai gefunden. Dann wird der Nährstoffweg des Bäumchens wieder ins Gleichgewicht gebracht. Und der Stamm und die Zweige nähren dann mit berechtigtem Stolz wieder die Blätter. Mein Bonsai war in dieser Phase sehr anfällig für Veränderungen. Das konnte Shinji an meinem Nishikigoi sehen. Der Koi muss auf natürliche Weise aufgepäppelt werden, um seine Vitalität zu schützen. Sein Vater hatte hierfür immer ein wunderbares Rezept. Nach einigem Suchen und Forschen und gründlichen wissenschaftlichen Tests wurde ein weiteres Spray mit Mineralien und Vitaminen entwickelt.

Hierdurch wurde der Koi direkt aufgepäppelt und seine Genesung gefördert. Mineralien und Vitamine, die der Koi mit dem Futter bekam, waren Methylsulfonyl Methan, Xylitol, Amylum Oryzae, Calium, Kieselsäure, Kupfer, Jod, Selen, Magnesium, Cholin Bitartrate, Eisen, Folsäure, B1, B2, B3, B5, B6, B12, C, D und E. Die Kombinationen dieser Sprays werden oft präventiv eingesetzt. Heutzutage benutze ich dieses Spray regelmäßig bei Fischen, die eine kurzzeitige Stärkung benötigen. Zum Beispiel dann, wenn sie aus der Behandlung kommen oder wenn sie gerade aus Japan eingetroffen sind. Dieses Aufpäppeln beruhigt sie und reduziert eventuellen Stress.

10

Das Futter

I

Beim Futter für den Koi gilt es eine Menge zu beachten. Viele Körnerfutter, die auf dem Markt sind, konzentrieren sich auf Wachstum und Farbe, was eigentlich auch logisch ist. Wir, die Koi-Liebhaber, möchten gern große Fische mit starken Farben. Aber inwieweit macht der Hersteller ein Komplettkorn für ein Allround-Futter, das auch die Vitalität des Fisches gewährleistet und schützt? Auch wenn wir ein ganz spezielles Futter geben, es schwimmen Fische ganz unterschiedlichen Alters im Teich. Ich bekam hierzu folgende Erklärung geboten:

"Jedes Wachstum braucht sein eigenes Futter. Man betrachte nur einmal den Menschen. Ein Baby isst ganz anders als ein Erwachsener. So ist es auch bei den Fischen. Achten Sie auf die Zusammensetzung von Produkten."

Ein Beispiel sind bei Fischen das Amylopektin und die Nährstoffe. Diese befinden sich vor allem in braunem Reis. Für Fische ab einem Jahr sind diese von enormer Bedeutung in Kombination mit der Spinatpflanze. Ein junger Fisch benötigt diese Kombination noch nicht. Seine Leber hat einen ganz anderen Aufbau. Bei Fischen mit Leberproblemen und dicken Bäuchen können wir dies regelmäßig auf das Futter zurückführen. Züchter beklagen dann große Ausfälle und können diese oftmals nicht mit dem Futter korrigieren. Ihnen fehlt hierzu einfach das nötige Fachwissen.

Anfänglich verstand ich dies nicht so genau. Wir hatten einen Teich zuhause, in dem die Fische alles schön brav auffraßen und in dem sie auch wuchsen. Es war auch durchaus normal, dass hin und wieder ein Fisch starb. Als ich meine Kollektion zusammen hatte, verstand ist immer mehr vom Thema. Die verrückteste Situation, die ich je zuhause hatte, war, dass im Teich 26 Fische schwammen und 23 Schalen mit unterschiedlichem Futter für sie bereit standen. Es dauerte fast eine halbe Stunde, bis jeder Fisch seine Schale geleert hatte. Shinji erklärte zu jedem Fisch, warum eine bestimmte Futtersorte am besten zu ihm passte.

Shinji: "Füttert man gezielt, muss man immer auf den pH-Wert des Wassers achten. Die Enzyme erfüllen ihre Aufgabe bei einem pH-Wert zwischen 6 und 7,5 am besten. Für den Fisch selbst wird ein pH-Wert von 6 bis 7,5 empföhlen. Der pH-Wert liegt meistens zwischen 5 und 8 und die Verdauung läuft am besten im Dünndarm. Achte genau darauf, welche Co-Enzyme und Antioxidanten du beimischt.

Notiere auch immer die Zusammensetzung. Erstelle eine Analyse, warum du auf diese Weise fütterst und wann du die freie Form der Aminosäuren reichst."

Bitten Sie immer um eine genaue Erklärung zum Packungsinhalt. Sie merken am Verkäufer, ob das Futter die richtige Zusammensetzung besitzt. Kann er die nicht genau begründen, müssen Sie sich fragen, ob das Produkt gut ist für Ihre Fische. Gehen Sie durchaus Diskussionen darüber ein, warum Ihr Fisch ausgerechnet dieses Futter bekommen soll. Legen Sie sich nicht zu schnell fest, sondern begutachten Sie das Futter erst gründlich. Es ist das Allerwichtigste für Ihren Fisch (selbstverständlich mit dem Wassermanagement).

Wir füttern 50 % Körner, die auf dem Markt sind, und 50 % Gemüse, Obst, Pflanzen und Kräuter. Von einer klaren Sicht aus: wir betrachten äußerst sorgfältig die Zusammensetzung von Vitaminen, Mineralien, Kräutern, Antioxidantien, Co-Enzymen und dergleichen. Es ist davon abhängig, mit welchen Fisch man beschäftigt ist. Ein Beispiel beim Showa ist, dass das Aka (rot) weniger wird. Hier achten wir sehr gezielt auf die Schwefelverbindungen des Fisches.

Denn was passiert da oft? Der Kunde kauft einen schönen Syowa in Japan. Zum Beispiel einen Sansai (3 Jahre). Der Züchter bringt diesen Fisch auf ein hohes Farbsegment, weil der Kunde hierum bittet. Es ist ein prächtiger Fisch. Der Kunde ist sehr glücklich, aber jeder Züchter hat seine eigene Auffassung darüber, wie er einen Fisch durch eine gezielte Futterkombination beträchtlich manipulieren kann. Eine Kunst, die Züchter hervorragend beherrschen. Wenn die Fische dann in Europa ankommen, wird der Koi-Besitzer merken, dass die Farbe des Fisches verblasst, obwohl er mit einem guten Futter arbeitet. Es gibt kein einziges Körnchen, das diese Farbe langfristig halten kann. Vor allem in der Go Sanke Linie, der am meisten manipulierten Variante. Viele Züchter bringen ihre Fische schnell "auf Farbe" für den Besitzer. Mit ihren eigenen Fischen machen sie das nicht so. Die bringen sie langsamer in die richtige Farbe: die Vitalität spielt hierbei eine viel größere Rolle. Diesen Effekt, das Erhalten der Farbe, vermissen wir beim Körnerfutter. Viele Zutaten sind hierfür nicht oder zu wenig vorhanden. Shinji und sein Vater probierten hierfür verschiedene Rezepte aus, um den Fisch in ein noch höheres Segment zu bekommen. Selbstverständlich werden Sie später – über verschiedene einzelne Rezepte – auch in den Genuss kommen.

Vater und Sohn machten bei jedem Rezept, zu dem Gemüse gehörte, braunen Reis zum Hauptbestandteil. Brauner Reis wird hier auch Silberfliesreis genannt. Es wird mit Flies gekocht, so dass die Mineralien und Vitamine erhalten bleiben. Amylopektin und Nährstoffe sind reichlich vorhanden und bilden eine gute Basis für den Koi.

Frage: Wussten Sie übrigens, dass in Japan 88 Kilogramm Reis pro Jahr pro Person gegessen werden? In den Niederlanden sind das gerade mal 4 Kilogramm pro Person.

Eine Kombination, die die Fische einmal pro Monat bekommen, war brauner Reis (100 %) mit Samen einer Hülsenfrucht, zum Beispiel Erbsen (10 %). Erbsen enthalten die notwendigen Nährstofffasern, Kohlenhydrate, Eiweiße und sind starke Vertreter von Vitamin B1 und C. Außerdem ist auch das Mineral Eisen von großer Bedeutung (hierbei sollte man an Hämoglobin und rote Blutkörperchen denken). Bei diesem Rezept wird noch eine Nuss hinzugefügt. Bevorzugt werden Paranüsse (0,5 %), die sehr fein gemahlen werden, bevor man diese unter Rühren dazugibt. Die Paranuss stammt ursprünglich aus dem Amazonasgebiet und ist reich an Calcium und Magnesium. Auch die Pistazie kann in dieses Rezept aufgenommen werden. Sie enthält zusätzliches Eiweiß.

Sie lassen es dann abkühlen und füttern es dann an die Fische. Die Erbsen werden durchaus auch mal durch Artischocken ersetzt, die Blütenköpfe einer Distelpflanze. Auch sie sind reich an Mineralien. Erdbirnen eignen sich ebenfalls. Bei unserem letzten Besuch in Japan lagen sie bei verschiedenen Züchtern zum trocknen aus. Erdbirnen sind Knollen, die an den Wurzeln einer bestimmten Sonnenblume wachsen. Sie sind reich an Eisen und Inulin. Die Erdbirnen werden hauptsächlich im Herbst und Winter beigemischt. Das hochwertig vorhandene Inulin ist ein Kohlenhydrat, das die Verdauung des Kois stark stimuliert.

Es war immer schön anzusehen, wenn Shinji für den Koi kochte. Wir selbst aßen auch das, was der Fisch zu fressen bekam. In unserer Kultur ist dies genau anders herum.

Ein anderes Rezept für den Winter ist brauner Reis mit Aubergine. Diese ist sehr reich an Vitamin C und B, Carotin und Eisen. Auberginen gehören zur Familie der Gemüsefrüchte, auch Eierpflanzen genannt. Die Paprika, Tomaten und Gurken gehören ebenfalls zu dieser Familie. Hier werden dann noch Shii Takes hinzugegeben, ein Pilz mit hochwertigen Proteinen. Diese sind wegen ihrer braunen Kappe und ihrem weißen Stiel auffällig. Alle Zutaten werden dann zerkleinert, bevor diese dem Fisch gegeben werden. Außerdem kann man Aubergine auch gegen Rosenkohl und Spinat austauschen.

Und dann noch die letzte Winterkost, die wir Ihnen nicht vorenthalten möchten. Es handelt sich um das am meisten hergestellte Futter für Fische in den Wintermonaten. Das Schöne daran ist, dass Ihre Fische hervorragend mitessen können, wenn Sie es für sich selbst zubereiten. Wir sprechen von den Kohlsorten, auch die Kopfkohle genannt. Der Kohl ist das Gemüse mit den meisten Antioxidantien. Hierbei haben die Kohlsorten die Eigenschaften, dass sie viel Schwefel aus dem Boden entziehen, wodurch ihr Nährwert steigt. Das bekannte Sauerkraut gab Shinji den Fischen gern wegen der Milchsäurebakterien. Selbstverständlich wurde es für die Fische mit einem ausgewogenen Rezept zubereitet. Außerdem ist Vitamin A bei den Kohlsorten hoch im Kurs. Wie Sie sehen, hat Shinji während der Wintermonate bei 5 bis 6 Grad Celsius viel gefüttert. Bei diesen Temperaturen sind die Enzyme nicht mehr besonders aktiv und werden weniger gut vom Fisch verdaut. Achten Sie immer darauf, dass der pH-Wert zwischen 6 und 7,5 liegt, sodass die Enzyme die Verdauung besser in Gang bringen.

Eigene Maschinen zur Zubereitung der
eigenen (geheimen) Rezepte.

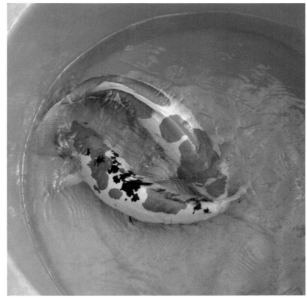

Sansai.Fertig zum Export?

Futter: es bleibt eine schöne
Geschichte.

11

Das Futter

II

Die Tomate.

Wie oft haben wir mit Shinji darüber gesprochen. Die Tomate war ihm heilig. Shinjis Auffassung nach, die ideale Zutat zum Körnerfutter, wenn man nach einer Regenzeit oder einem starken Regenschauer füttert. Shinji war so besessen von der Tomate, dass er in einem Labor eine Untersuchung nach den Unterschieden zwischen den Stecklingen aus Japan und den Niederlanden durchführen ließ. Bei der japanischen Tomate waren manche Mineralwerte wohl 26 Mal höher als in der niederländischen Tomate.

Woher kommt die Kraft der Tomate? Mal abgesehen davon, dass sie sehr reich an Vitamin B1 und C ist, befinden sich in der Tomate auch die lebenswichtigen Mineralien. Die Tomate wirkt schon bei normalem Verzehr präventiv. Für Shinji war dies das Wichtigste. Ebenso hat die Tomate einen stark entsäuernden Effekt auf unseren Fisch. Vor allem dann, wenn es stark geregnet hat. Dann schwankt der Säuregrad des Wassers durchaus einmal. Er fand, dass die Tomate sehr schnell eine korrigierende Wirkung auf den Koi hat. Wenn der Fisch sie zum ersten Mal ins Maul bekommt, spuckt er sie schnell wieder aus. Aber bevor sie den Boden berühren kann, ist das Stück Tomate durchaus an seinen Kehlzähnchen vorbei. Ebenso geht aus wissenschaftlichen Tests hervor, dass sie beim Koi eine stark entzündungshemmende Wirkung im Dünndarm hat. Daneben besitzt die Tomate das wichtige Antioxidans Lycopin. Wenn Shinji dieses Antioxydans in höheren Konzentrationen benötigte, benutzte er auch Wurzeln im Futter. Unsere altmodische leckere Wurzel. Diese besitzt in hohem Maße das Antioxidans Carotin und ist aus der Familie der Lycopine. Sie können sich vorstellen, wie intensiv Shinji mit dem Futter beschäftigt war. Für seine Fische scheute er weder Kosten noch Mühen.

Blaubeeren.

Auch so'n Knaller von Shinji. Eine Zeit lang konnte ich keine Blaubeeren mehr sehen. Zusammen mit Shinji war ich bei unserem "Koi-Freund" in Deutschland. Heinz hatte sich überlegt, den kompletten Teich zu einem Tauchbad für Blaubeeren zu machen. Er gab rund 15 Kilogramm zu Püree gemahlene Beeren in den Teich mit fast 110 m³ und dem Filter. Die Fische konnten ihr Glück an reichhaltigem Futter kaum schaffen. Shinji war froh, dass der Vorfilter seine Arbeit gut machte. Er erklärte Heinz alles über den Mehrwert der blauen Beeren. Schnell fügte er dem hinzu, dass man niemals 15 Kilogramm Beeren in einen Teich mit dieser Besetzung geben durfte. "Fehler", war die sehr bescheidene Antwort von Heinz. Blaubeeren enthalten Antioxidantien, die freien Radikalen zu Leibe rücken. Auch die Mineralien in den Blaubeeren machen einen adäquaten Job. Daneben haben die Blaubeeren eine entzündungshemmende Wirkung auf verschiedene bakterielle Situationen, wie auf Wunden. Sie unterstützen die weißen Blutkörperchen; sie sterilisieren die Wunden von bösartigen Bakterien. Jetzt, einige Jahre später, kommt uns zu Ohren, dass man blaue und schwarze Beeren erfolgreich in großen Tierparks einsetzt. Vor allem als Nahrungsmittelergänzung für Tiere, die nach einer schweren Zeit gestärkt werden müssen, zum Beispiel nach einer Erkrankung. Ich finde es sehr schön, wie die Natur die Kraft hat, das Leben zu reparieren und fortzusetzen. Die Kraft des Fisches muss daher aus dem Futter kommen.

Werden den Blaubeeren Joghurt beigemischt, kann man dies auch in Kombination mit Himbeeren und Erdbeeren machen. Die vielen Fasern und das Vitamin C bestimmen den starken Nährwert der Himbeeren. Die Erdbeeren fügen B1, B2, Calcium, Eisen und Natrium hinzu. Viele Koi-Besitzer fragen, ob der Koi das alles frisst. Wenn ich dies demonstriere, bereite ich dieses Gericht mit Joghurt, Beeren, Himbeeren und Erdbeeren zu. Ich muss allerdings ehrlicherweise dazu sagen, dass ich etwas mehr mache. Ich esse selbst gern einen Löffel mit – zur "Enttäuschung" des Kois, die diesen Schatz nämlich nicht gern teilen. Hierüber sagte Shinji: "Während der Mahlzeit hat der Koi keine Freunde." Beim ersten Mal, als Shinji dieses Rezept zubereitete, tauchte schnell die Frage zum Mehrwert des Joghurts auf; Shinji machte in diesem Moment eine leckere Schale für uns beide fertig. Ich legte meine Kladde bereit, um die Informationen zu notieren. Ich hatte das Gefühl, dass Shinji an diesem Tag sehr gesprächig war.

Joghurt.

Ein fermentiertes Milchprodukt, das durch die Einwirkung von zwei Sorten Milchsäurebakterien entsteht. Wir kennen den Lactobacillus Bulgaricus (stabförmig), und den Streptococcus Thermophilus (kugelförmig). Um dieses Produkt durch die Nahrungsmittel- und Warenprüfung zu bekommen, müssen im Joghurt beide Milchsäurebakterien zum Zeitpunkt des Verbrauchs in beachtlichen Mengen in lebendem Zustand vorhanden sein. Durch diese starke Kontrolle können Sie sich sehr guter Milchsäurebakterien sicher sein. Ein hochwertiges Produkt somit, das zusammen mit den dazu gemischten Früchten eine nährreiche Kombination für den Koi darstellt. Vor allem für die Verdauung funktioniert dies hervorragend. Die Verdauungsenzyme arbeiten am besten bei einem pH-Wert zwischen 6 und 7,5. Joghurt hat einen pH-Wert zwischen 4 und 4,5. Durch das Beimischen von 25 % Früchten steigt das Futter auf einen pH-Wert von etwas über 6. Die ideale Arbeitssituation für die Enzyme und die Aufnahme von Proteinen. Je magerer der Joghurt ist, umso besser ist dies für den Koi. Dann enthält dieser nämlich eine hohe Dosis an Vitamin B6 und B12 (B12 ist sehr wichtig für die Produktion von Hämoglobin oder roten Blutkörperchen). Außerdem besitzt der Joghurt viel Protein und Calcium. Er hat eine heilsame Wirkung auf die Darmwände des Dünndarms und wirkt präventiv. Jetzt ist auch deutlich, warum Joghurt die Enzyme, und somit den Verdauungsprozess, gut unterstützt.

Tennisbälle.

Im Sommer ist das Wasser angenehm warm. Die Fische spielen in der Strömung des Wasserfalls. Die ideale Zeit, um einen Fruchtcocktail aus Äpfeln, Orangen, Kiwi, Ananas, Trauben, Blaubeeren und Banane zu machen. Sie schneiden alles in kleine Stücke. Hierzu nehmen Sie dann das notwendige Körnerfutter, das zusammen mit klarem Honig gemischt wird. Sie werden merken, dass Sie aus diesem Cocktail Tennisbälle kneten können. Je nachdem welchen Bedarf Ihr Koi hat, können Sie einen oder zwei Bälle pro Tag füttern. Die Obstbälle, die übrig bleiben, packen Sie jeweils einzeln in Frischhaltefolie und legen diese in die Tiefkühlung. Diese können Sie dann in den darauffolgenden Tagen durchaus gefroren in den Teich werfen. Ein herrliches Schauspiel wird sich Ihnen bieten. Jede Frucht hat ihre eigene Wirkungsweise. Es ist ein komplettes Mittagsmahl mit vielen Vitaminen, Mineralien und Antioxidantien. Die Ananas und die Kiwi erfüllen hierbei ebenfalls eine wichtige Aufgabe. Es ist nicht einfach nur so eine Kombination, die rein zufällig in einer Obstschale liegt.

Die Fische kommen aus Japan.

Eine Situation, die der Fachhandel fast zweimal jährlich erlebt. In den Kapiteln zur Anatomie haben Sie bereits lesen können, was mit dem Hämoglobin (den roten Blutkörperchen) passiert und welchen Einfluss Druck hierauf hat. Die Ananas hat beim Koi eine doppelte Wirkungsweise: intern und extern. Wenn die Fische drinnen in ihren Becken sind, müssen Sie dafür sorgen, dass die Fische innerhalb von zwölf Stunden frische Ananas bekommen. Ich betone ausdrücklich frisch. Wenn Fische in neues Wasser gesetzt werden, müssen sie sich immer akklimatisieren. Vor allem durch den Säuregrad passiert eine Menge an den Kiemen und im Dünndarm. Der frische Saft neutralisiert diese Situation sehr schnell. Hierbei besitzt frische Ananas einen hohen Bromelin-Wert. Hierbei handelt es sich um ein Eiweiß, das die starke Eigenschaft hat, das Eiweiß aufzuspalten. Es fördert eine schnelle Nährstoffaufnahme. Die Ananas enthält viele Vitamine und Mineralien und ist außerdem reich an Folsäure. Folsäure ist einer der Rohstoffe, die für die Blutproduktion notwendig sind. So entsteht für Sie ein Bild darüber, warum Shinji es so wichtig fand, dass Ananas innerhalb von zwölf Stunden gefüttert wird. Die Kiwi wird in den anschließenden Tagen zwischen das Futter gemischt. Dieses ist nicht so sauer, besitzt aber, ebenso wie die Ananas, das Enzym Bromelin. Die Verdauung kommt schneller in Gang. Der pH-Wert der Becken liegt zu Beginn der Aufnahme in Japan zwischen 6,5 und 7. Die Ananas senkt den pH-Wert leicht, was aber äußerst gering und daher nicht zu berücksichtigen ist. Ananas und Kiwi werden oftmals präventiv oder nach einer Behandlung empfohlen.

Die Enzyme müssen dann wieder in Gang kommen. Vor allem Behandlungen, wie sie derzeit auf dem Markt sind, können innen eine Menge Schäden anrichten. Auch die Vitalität kann darunter leiden. Bitten Sie daher immer vorher um eine umfassende Beratung. Werfen Sie nie vorschnell etwas in den Teich. Shinji konnte sich hierüber immer ziemlich aufregen. Seine Vision war eindeutig: "Die Natur hat die Kraft, dieses Problem zu lösen." Ich hielt dies anfangs für einen locker daher gesagten Spruch. Wenn du weißt, welche Pflanze oder welches Kraut du nehmen musst, um eine bestimmte Problematik zu lösen, ist das besser. Dies ist übrigens schön bei den traditionellen Go Sanke-Züchtern zu beobachten. Die Pflanzen, die bei eventuellen Parasiten verwendet werden müssen, hängen hier sorgfältig zum Trocknen. Auch hierfür verwendet jeder Züchter sein eigenes Rezept.

Fische für den Export werden oft nicht auf diese Weise behandelt. Außerhalb von Japan ist der Nishikigoi kein Verbrauchsfisch. Angesichts der Masse, die versendet wird, ist das ein hoher Ausgabeposten. Die Parasiten bekommen wir daher quasi als Beigabe dazu.

Obst mit den meisten Antioxidantien.

Shinji hatte eine Liste mit Obst erstellt, das seiner Meinung nach am besten gegen freie Radikale wirkte. Selbstverständlich möchte ich Ihnen diese nicht vorenthalten:

• Die Gojibeeren

Eine Beere, die sowohl in den Joghurt als auch ins Korn gegeben wird. Achten Sie allerdings immer darauf, diese gut zu zerkleinern. Dies ist davon abhängig, wir groß Ihre Fische sind.

• Getrocknete Pflaumen und Datteln

Diese werden vorher zerkleinert, um dann eine Stunde in lauwarmem Wasser aufzuquellen. Shinji gab diese zu den Körnern. Bevor er alles verrührte, kamen die Mineralien und Kräuter dazu. Dies ist immer die Basis, wenn bestimmte Coenzyme oder eine freie Form von Aminosäuren zum Futter hinzugefügt werden (und sehr wichtig für den Go Sanke).

• Granatapfel mit Rosinen

Als ich das zum ersten Mal sah, dachte ich wirklich, dass wir Apfelkuchen bekommen würden. Shinji erklärte mir, dass sich hierin auch für den Koi wichtige Nährstoffe befänden. Ich fand das irgendwie nicht, ok, es war nämlich wieder einer der Momente, in denen ich nicht schlecht darüber staunte, was ich selbst auf den Teller bekam.

• Pflaumen und Trauben

Frische Pflaumen und Trauben werden immer zusammen mit dem Joghurt gefüttert. Die ideale Kost für den Koi zu Beginn des Winters oder im Frühling. Abgesehen davon, dass sie reich an Mineralien und Vitaminen sind, wird diese Kost auch präventiv für die reinigende Wirkung im Dünndarm eingesetzt. Andere Fruchtsorten mit dieser Wirkungsweise sind Orangen, Heidelbeeren, Erdbeeren, Mango und Himbeeren. Immer alles gut zerkleinern. Sie werden oft mit den Körnern gemischt.

12

Das Futter

III

Eier.

Während eines Besuchs in Japan sah ich das erstmals bei einem kommerziellen Züchter. Dieser benutzte für das Hariwake im Futter, das er selbst herstellte, einmal pro Woche mehr als 60% ganze Eier. Also kein Standard. Übrigens war es prächtig zu sehen. Wie dieser Züchter Tazawa, weit über 70 Jahre alt, seine ganze Koi-Farm leitete. Ein Freund, der mich begleitete, durfte mal eben probieren, was für die Fische an dem Tag auf der Speisekarte stand. Wenn wir darüber sprechen, wird er heute noch böse. Den Geschmack, den er zu probieren bekam, …

Shinji verwendete ganze Eier nicht nur für die Farbe. Er fand, dass sie hierfür zu wenig Wirkung haben. Er gab die Eier komplett mit Schale in eine Pfanne und gab dann Reis und eine Kohlsorte dazu. Die Werte der Vitamine und Mineralien kombinierten sich so gut mit den verschiedenen Schwefelverbindungen. Für diese Varianten ist das sehr wichtig.

Zucker.

Oft wird uns die Frage gestellt, ob Zucker ins Futter darf. Hin und wieder ist das nicht schlimm, aber machen Sie das nicht wöchentlich. Da der Fisch nur einen niedrigen Wert beim Laktoseenzym hat, kann er Zucker nicht gut umwandeln. Verwenden Sie Zucker doch öfter – Fische sind gierig danach – wird dies zu Lasten der Lebensdauer gehen. Shinji benutzte Zucker nur, um den Filter zu starten.

Shinji: "Zucker ist ein guter Nährboden für schnellere heterotrophe Bakterien."

Ich fragte Shinji, warum Fische so gierig nach Süßstoffen sind. Daraufhin besprach er ein nettes Produkt: Sanddornsirup. Dies ist ein eingedickter Saft vom Sanddorn. Meiner Meinung nach "echt Japanisch". Wie Shinji meinte, ein guter Ersatz für handelsüblichen Zucker, der auch in Spezialgeschäften erhältlich ist.

Varianten:

• Ie-tsjie
Eins. Mild im Geschmack

• Nie
Zwei. Etwas gehaltvoller im Geschmack

•San
Drei. Der höchste von den dreien mit hochwertigen Mineralien

Der Sanddornsirup wird auch durch Öl ersetzt, das speziell von der Saflordistel gewonnen wird. Hierfür verwendet man die Samen der Pflanze. In Spezialgeschäften ist es unter der Bezeichnung Safloröl zu kaufen. Wir verwenden es nur unter bestimmten Umständen. Hierbei kann daran gedacht werden, dass der Fisch sehr krank ist oder wenn nur der Fisch eine sehr große Wunde hat. Wir nehmen hierzu ein spezielles Rezept mit Organfleisch vom Rind. Dies ist reich an essentiellen Proteinen und, sehr wichtig, Antioxidantien, die den Kampf mit dem Problem des Fisches aufnehmen. Wenn ein Kaninchen geschlachtet wurde, gingen die Organe vollständig durch den Blender, und zwar mit kleinen Fischchen, die nicht durch die Auswahl kamen. Sie dürfen mir glauben, wenn Sie das zum ersten Mal sehen, haben Sie für's Erste genug gegessen. Bei den Fischen ist alles allerdings in Windeseile vertilgt.

Krabben und Gambas.

Sie werden ausschließlich frisch während des Zermahlens des Organfleischs verwendet. Schalentiere oder Muscheln sind Lieferant für hochwertiges Eiweiß.
Auf dem europäischen Markt wird nicht so schnell Frisches gefüttert. Die Preise hierfür sind hoch, während das Produkt eine nur sehr kurze Haltbarkeit besitzt.

Auch die Pflanzenwelt hat für das Wohlergehen des Nishikigoi reichlich viel zu bieten. Ich werde in den fünf Büchern alle wichtigen Pflanzen behandeln. So bekommen Sie die Möglichkeit, mit diesem Wissen dann selbst auf bestimmte Probleme zu reagieren. Achten Sie aber darauf, dass die Wirkungsweise der Pflanzen ganz spezifisch, ausgerichtet auf den größtmöglichen Nutzen, in einem Rezept verarbeitet ist.

Die Butterblume.

Ich verabredete mich mit Shinji bei mir zuhause, um mit ihm noch mal einen Blick auf meine Fische zu werfen. Shinji hatte die Idee, einen Spaziergang durch die Landschaft Limburgs zu machen. Er mochte es sehr, hügelauf, hügelab unterwegs zu sein. Am Waldrand angekommen, nahm Shinji eine Plastiktüte aus seiner Hosentasche und begann fleißig damit Butterblumen mit Wurzeln zu sammeln. Ich dachte, er würde diese für sein Kaninchen sammeln, das dann, wenn es diese vertilgt hatte und auf die gewünschte Größe angewachsen war, wiederum verspeist werden würde. Shinji bot mir keine Erklärung. Ich war neugierig, was er vorhatte. Unterwegs nahmen wir Jos mit, einen guten Freund von Shinji, und auch er wurde direkt mit Aufgaben versehen. Jos, der absolut keinen grünen Daumen besaß, sagte sehr bescheiden zu Shinji: "Na, hast du vor, Tee zuzubereiten?" Shinji lachte. Er ging weiter. Auf dem Rückweg gingen wir noch zu einem Gärtner, um Veilchen ohne Chemikalien zu kaufen. Ich sagte zu Shinji: "Was ist das lieb von dir, meiner Mutter Blümchen zu kaufen." Nach diesem Satz wurde noch ein Sträußchen dazu geordert und wir liefen heimwärts. Zuhause angekommen begann Shinji damit, die Butterblumen zu reinigen. Er entfernte die gelben Blüten, diese gingen in den GFT-Behälter. Der Rest wurde klein geschnitten und in Wasser gekocht. Jos hatte schon eine schöne Idee, Suppenklößchen zu holen, um das Gericht zu vervollständigen. Shinji schaltete rasend schnell und machte aus der Bemerkung gleich Sinnvolles in Richtung Jos: "Wenn du sowieso in den Supermarkt gehst, bring dann doch bitte auch gleich braunen Reis und Knoblauchpulver mit." Jos sah ihn leicht verdutzt an und ging schnell weiter, um von dem eventuellen Schauspiel nichts zu verpassen. Der Reis wurde ins kochende Wasser gegeben. Nach zwölf Minuten wurde der Kessel vom Feuer genommen. Mit einem Suppenlöffel wurde eine ordentliche Kelle aus dem Knoblauchpulver genommen. Jos war der Meinung, dass Shinji nicht an Pfefferminz gedacht hätte. Shinji ging zum Teich und warf dieses Menü ins Wasser. Ein satter Knoblauchfleck, der durch das Knoblauch entstanden war, versperrte uns für ganze fünfzehn Minuten die freie Sicht auf die Fische. Nachdem wir wieder einigermaßen gute Sicht hatten, konnten wir erkennen, dass weder Reis noch Butterblumen übrig waren. Alles war verspeist worden. Und jetzt gab es auch eine ausführliche Erklärung dazu. Denn das, so war Jos' Meinung, konnte Shinji keinesfalls unkommentiert lassen.

Shinji hatte währenddessen Tee zubereitet. Er ließ Jos als erstes probieren. Dieser begann heftig zu lachen und bemerkte, dass er keinen Fisch ähneln würde. "Jungs", sagte Shinji, "die Butterblume hat eine starke blutreinigende Wirkung. Sie ist reich an mineralem Eisen, wodurch man mehr Sauerstoff aufzunehmen in der Lage ist. Außerdem enthält sie reichlich Vitamin A und C und fördert die Haut- und Schleimhaut." Wenn der Fisch hiermit zum ersten Mal in Kontakt kommt, kann es sein, dass die Blutgefäße durch den zusätzlichen Sauerstoff roter werden. Dies verschwindet aber nach einigen Stunden wieder. Spezialgeschäfte haben dieses Rezept auch in den Wintermonaten. Die verwendeten Butterblumen sind dann selbstverständlich nicht mit Chemikalien behandelt. Das Rezept wird von uns für die Fische nach einer kalten Periode hergestellt. Die Haut kann dann optimal akklimatisieren, wodurch sie sich im Frühjahr nicht so reiben. Bei Hobbyisten, die dieses Rezept nicht einsetzen, reiben sich die Fische dann so, als hätten die Tiere Parasiten oder eine andere Erkrankung.

Nachdem wir in den Genuss des Butterblumentees gekommen waren, fragte uns Shinji, ob noch jemand Lust auf einen weiteren Tee habe. Ich fand ihn durchaus lecker, sah dann aber, dass keine Butterblumen, sondern Veilchen im kochenden Teewasser verschwanden. Daraufhin wollte ich dann doch lieber erst eine Erklärung haben, bevor ich den ersten Schluck wagte. Shinji blieb stur: "Wenn du nicht willst, geht der Tee in das blaue Bassin." Shinji hatte ein Tauchbad für einen Fisch gemacht, der an entzündeter Haut litt. Die Märzveilchen haben eine wunderbare Wirkung auf die Blutreinigung, bei Hauterkrankungen, erhöhter Schleimproduktion und bei Infektionen. Die leicht entzündete Haut wurde mit einem Tauchbad während zwanzig Minuten behandelt. Shinji machte auch ein Spray daraus. Das kann man aber nicht länger als eine Woche im Kühlschrank aufbewahren. Shinji benutzte das Spray als Ergänzung zum Futter, wenn der Fisch Maulfäule hat. Dann drehte er den Fisch um und sprühte das Spray direkt in dessen Rachen.

13

Die Aufnahme von
Exportfischen aus Japan

Nachdem mir klar geworden war, was in dem Fisch zur Herstellung der roten Blutkörperchen passieren musste, erschrak ich über die Art und Weise, in der Exportfische außerhalb von Japan aufgenommen wurden. Im Jahr 1993 ließ Shinji die ersten Fische für einen deutschen Koi-Liebhaber kommen. Rund einhundert Nishikigoi in einer Größe von circa 60 Zentimetern pro Stück. Die Aufnahme war nicht sonderlich kompliziert, weil alle von ein und demselben Züchter kamen. Shinji lehrte uns die erste Grundregel:

"Sorge immer dafür, dass du genau über die Wasserqualität und das Futter informiert bist, das du beim Züchter kaufst. Erstes wird selten Probleme mit sich bringen. Das Futter dafür umso mehr. Ein Züchter erzählt nie gern über sein Futter. Aber er wird, wenn du als fester Kunde zu ihm kommst, konstruktiv daran mitarbeiten, dass die Fische am sichersten und bestens exportiert werden können. Jeder Züchter hat seine ganz eigene Art, in der er seine Tiere manipuliert, um so einen möglichst großen Ertrag hinsichtlich des Wachstums, der Vitalität und Farbe zu erzielen. Dieses Wissen teilt er nie mit einem Kunden."

Je kommerzieller man züchtet, umso gezielter ist das Futter auf Wachstum und Farbe ausgerichtet. Aber das Allerwichtigste, die Vitalität, bleibt bei dieser Art und Weise des Vorgehens leider im Hintergrund. Der Züchter und der Futtermittelhersteller gehen auf den Wunsch des Käufers ein, der einen großen Fisch möchte, herrlich in der Farbe und am liebsten noch so preiswert wie nur möglich. Letzteres wird allerdings nicht so oft vorkommen. Für die prächtigen Lebensumstände wächst der Fisch in Japan besser. Man kann dort durchschnittlich drei Monate länger füttern. Die Farbe hingegen wird auf verschiedene Weisen beeinflusst, wobei das Futter eine sehr wichtige Quelle darstellt. Jede Zielgruppe benötigt ihr eigenes Futter für den höchstmöglichen Ertrag.

Wir kennen vier Pigmentgruppen:

- Das Melanophoren
  Hauptverantwortlich für schwarz/braun.

- Das Erythrophoren
  Hauptverantwortlich für rot.

- Das Xanthophoren
  Hauptverantwortlich für gelb.

- Die Iridophorenkristalle
  Spiegeln das Licht.
  Besser bekannt als Ginrin oder Kinrin.

Bis heute ist es nicht gelungen, die letzte Gruppe zu manipulieren. Es wurden zwar die erforderlichen wissenschaftlichen Tests durchgeführt, vor allem bei den Varianten Showa und Shiro Utsuri. Das Ginrin oder Kinrin verursacht in der Regel matte Farben bei den anderen Pigmentgruppen, wenn der Fisch älter wird oder keine Kontinuität der Wasserqualität oder des Futters gewährleistet ist. Wir verändern daher ganze Zuchtstrategien, Mal um Mal, um ein perfektes Ginrin oder Kinrin zu bekommen. Shinji hat verschiedene wissenschaftliche Tests begleitet.

Shinji: "Die Iridophoren sind schlichtweg nicht zu beeinflussen."

Bei der Zucht eines schönen Fisches darf der Faktor Glück nicht vergessen werden. Dieser spielt dabei nämlich auch eine große Rolle. Oftmals wird genau das aber zum zusätzlichen Problem bei der Aufnahme von Fischen. Züchter vertreten hier eine ganz eigene Meinung. Und diese teilen Sie nicht mit dem Besitzer. Und das wiederum geht zu Lasten der Farben. Der eine Fisch verblasst quasi schneller als der andere. Hierdurch wird umso deutlicher, wie wichtig es ist, dass das Futter auf die Vitalität des Fisches ausgerichtet ist. Nachdem die Kartons beim Kunden angekommen waren, wurden sie ordentlich aufgereiht. Einer nach dem anderen wurde geöffnet. Für Shinji war das enorm wichtig. Die Fische hatten geraume Zeit kein Tageslicht gesehen. Es hätte den ohnehin vorhandenen Stress nochmals gesteigert, wenn dies abrupt passiert wäre. Jeder Beutel wurde aus dem Karton geholt und kurz überprüft. Shinji hatte hier immer denselben "Vorgehensplan". Erst prüfen, dass kein Beutel kaputt war. Wenn Beutel beschädigt waren, dann waren diese Fische zuerst dran. Dann wurden die Fische von groß nach klein versorgt. Beim deutschen Kunden war diese Situation einfach. Es gab keine Transportprobleme und alle Fische hatten ungefähr die gleiche Größe. Aber, so Shinji, musste man sich dieser Masse mit größter Aufmerksamkeit widmen. Mit zwei Händen holten wir die Fische schnell aus den Beuteln und setzten sie in blaue Becken, die mit demselben Wasser gefüllt waren wie die der neuen Umgebung. Shinji ließ mich wissen:

"Wenn die Fische in neues Wasser gelangen, brauchen sie immer eine Eingewöhnungszeit, egal, ob es sich um eine bessere oder schlechtere Wasserqualität handelt."

Shinji ging hinter uns her. Jeder Nishikigoi bekam entsprechende Aufmerksamkeit. Die Augen und zwei Druckpunkte waren das Kennzeichen. Hieran konnte Shinji erkennen, wie es um die Vitalität des Kois bestellt war. (Die Augen und die Druckpunkte werden in Buch 2 eingehender behandelt.)

Für mein Gefühl lief alles super, obwohl einhundert Fische echt eine Menge sind. Nachdem alle aus den Kartons geholt worden waren, wurden die Fische zu jeweils zwanzig Stück in ein großes Becken mit rund 10 m³ gesetzt. In diesem Becken wurde der pH-Wert durch verschiedene Grapefruits auf 4,5 gesenkt. Hierin schwammen die Fische ungefähr acht Minuten, aber nicht länger als zehn Minuten. Durch die Kombination der Grapefruits und des niedrigen pH-Werts wurde den Parasiten kraftvoll der Garaus gemacht. Anschließend

Shinji:

Menschen in Eile

werden selten ankommen

wurden die Fische in den Teich mit rund 200 m³ umgesetzt. Eine Arbeit, die gut zwei Stunden dauerte. Ein prächtiges Schauspiel zeigte sich im Teich, ich hatte noch nie so viele schöne Fische in einem Schwarm schwimmen sehen. Der Kunde wurde von Stunde zu Stunde glücklicher. Ich hatte von Shinji den Auftrag erhalten, fünf große, frische Ananas zu reinigen und darauf zu achten, dass der Saft unbedingt erhalten blieb. Akribisch ging ich zu Werke, um einen größtmöglichen Saftertrag aus diesen Ananas zu holen. Die Fische schwammen unterdessen gemütlich und entspannt umher. "Glücklicherweise ist die Sonne heute nicht so grell," sagte Shinji, der mit einen leckeren Tee reichte. Die Ananas wurde sehr klein geschnitten. Shinji mischte ein Kilo Körnerfutter hindurch, sodass der Saft teilweise aufgenommen wurde. Was für eine Leckerei, dachte ich, und natürlich musste ich auch unbedingt etwas davon probieren.

Shinji lehrte mich, wie man gutes Futter erkennt. Indem ich immer wieder das Koi-Futter selbst probiert habe, lehrte er mich die Kniffe und Tricks dieses Faches. Es war ein langwieriger Prozess, aber nach zwanzig Jahren könnte ich mich glatt bei "Wetten dass?" bewerben. Es kommt immer wieder neues Körnerfutter auf den Markt, und wir orientieren uns stark an eben diesem. Wir haben erschiedene Sorten gutes Körnerfutter für unseren Koi, aber auch dieses kann und muss noch besser werden. Im Interesse des Kois, Die Hersteller reagieren hierauf anders; das Futter muss teurer werden. Meine Ansicht wurde von Shinji geformt. Er sagte mir: "Achte darauf, das gutes Futter hergestellt wird und verlange nicht zu viel dafür. Du musst nicht den Jackpot knacken, indem du Futter verkaufst. Du musst den Kunde und den Koi glücklich machen."

Nach dem Trinken des Veilchentees, den ich eigentlich doch nicht so besonders gern mochte, bekamen wir den Auftrag, uns das Füttern der Ananas anzusehen. Shinji hielt es für wichtig, dass die Fische ausreichend Ananas zu sich nahmen. Wenn etwas übrig blieb, würde dies vom Filter aufgenommen werden. Shinji lief um den Teich herum und legte die Stücke hinein. Die Analyse war schnell gemacht: der größte Teil aß davon, der andere Teil war überhaupt nicht daran interessiert. Ich dachte, dass das nicht gut wäre. Shinji erklärte mir aber, dass es allgemein schon gut sei, wenn ein Fisch überhaupt Nahrung aufnähme nach so einer langen Reise. Die Säure der Ananas erledigt ihre Arbeit am Koi sowohl innerlich als auch äußerlich. Alles, was zu dem Zeitpunkt aufgenommen wird, bietet einen Mehrwert.

Shinji erklärte uns noch einmal, was mit den roten Blutkörperchen nach so einer langen Reise passierte. Irgendwann aber wurde Shinji ganz still. Nach einiger Zeit lief eine Träne über seine Wange. Ich erschrak. Das war ich von ihm nicht gewohnt und das kam in der japanischen Kultur auch nicht so schnell vor. Ich versuchte, seine Aufmerksamkeit auf mich zu ziehen, um ihn zu fragen, ob es ihm nicht gut gehe. Shinji sah mich mit feuchten Augen an und erzählte, dass er an früher denken musste.

Shinji erzählte von einem Basisspray, das er mit seinem Vater entwickelt hatte. Sein Vater und Opa hatten nach einem wissenschaftlichen Test nicht mehr die Zeit gehabt, es weiter zu entwickeln. Ich muss allerdings zwei Monat vor Eintreffen der Fische bereit war. Diese gewünschte Urinmenge ist zu hoch, aber für das wohl erwähnen, dass sein Vater und Opa nicht über die Mittel und Möglichkeiten verfügten, die Shinji zur Verfügung standen. Shinji und sein Vater hatten ein Rezept wieder aufgegriffen, weil der Fisch viele Probleme in Japan durch den Transport, den Luftdruckunterschied, das Futter und die Wasserqualität bekam. Das Spray wurde weiterentwickelt. Während der wissenschaftlichen Tests zeigte sich, dass verschiedene Mineralien, Antioxidantien, Vitamine und Kräuter eine doppelte Wirkung zeigten. Antioxidantien sorgen durch ihr Angreifen auf die freien Radikalen für die Vitalität der Organe. Der Fisch kann sich so gegen sowohl innere als auch externe Krankheiten wehren.

Während dieser Tests wurde auch der Ankerwurm auf die Fische gesetzt. Nach zehn Tagen wurden sie wieder abgenommen; die Infektionen waren deutlich sichtbar. In einem der Becken wurde dann das Spray eingesetzt und über das Futter gesprüht. Bei den Bluttests zeigte sich, dass in diesem Becken mehr weiße Blutkörperchen waren als in dem Becken, in dem das Spray nicht zum Einsatz gekommen war. Weiße Blutkörperchen bekämpfen nämlich Entzündungen und Infektionen. Ist die Vitalität des Kois gut, übersteht dieser eine solche Periode erheblich einfacher. Außerdem verstärkt das Spray die Bildung von Hämoglobin (rote Blutkörperchen). Es bekommt auf diese Weise Nährboden für eine neue Herstellung. Das Spray sorgt somit dafür, dass der Koi nicht körperlich abbaut. Denn wenn weniger rote Blutkörperchen produziert werden, gelangt auch weniger Sauerstoff in den Fisch, was zu seinem Tode führen kann.

Es kommt durchaus noch häufig vor, dass Fische kraftlos in Teichen und Bassins umher schwimmen. Auch hören wir öfter, dass Fische sterben, obwohl keine Ursache dafür erkennbar ist. Wenn man eine Blutanalyse macht, kommt man dann zu der Feststellung, dass die Werte nicht in Ordnung waren. Die Kräuter sorgen für eine kräftige Vitalität, die der Koi durch das Spray aufbaut. Dies ist sehr wichtig für Milz und Nieren, die Hauptproduzenten des Blutes beim Koi.

Shinji und sein Vater gelangten schnell zu der Schlussfolgerung, dass diese Zutaten zum Futter für ihre Fische hinzu gegeben werden mussten. In Japan gab er diese grundsätzlich zum Futter. Das Spray wurde dazu hergestellt, um als Beigabe zum Futter schnell und adäquat reagieren zu können. Für seine Kunden in Europa verwendete Shinji ausschließlich das Spray. Wir benutzen das Spray schon seit fast zwanzig Jahren. Es ist einfach in der Anwendung und ausgesprochen praktisch. Körnerfutter nehmen, einsprühen, eine Minute warten und dann ab in den Teich damit. Ein anderes Produkt, das Sie unter dem Namen Kristllklar kennen dürften, wird oft über das Körnerfutter und Spray gestreut. Ganz leicht geben wir es mit einem Teelöffel darüber. Das Kristllklar ist ein uraltes Rezept, in dem die notwendigen Mineralien und stark ergänzende Kräuter verarbeitet sind. Shinji rührte sogar gelegentlich einen Löffel davon in seinen Tee. "Was gut für die Fische ist, das ist auch gut für mich," sagte er.

Der Teich für die einhundert Fische war eine komplett neue Anlage. Shinji hatte das Labor ausrechnen lassen, wie viel – Achtung, bitte aufpassen – Urin wöchentlich in den Teich musste, sodass der Teich rund zwei Monate vor Eintreffen der Fische bereit war. Diese gewünschte Urinmenge ist zu hoch, aber für das Ansiedeln bestimmter Bakterien wichtig. Mehr noch, der Urin einer schwangeren Frau ist hierfür noch hochwertiger. Das fand ich großartig. Aber wenn ich hierbei an meinen eigenen Teich dachte, erschrak ich schon ein wenig. Vor allem damals 1993, den Anfangsjahren des Nishikigoi in den Niederlanden und den umliegenden Gebieten.

Shinji hatte seine Gefühle wieder einigermaßen im Griff und erklärte uns seine Geschichte. Mir ist dieser Tag immer in guter Erinnerung geblieben. Vor allem auch deshalb, weil mit diesem Spray im Fachhandel inzwischen weit verbreitet gute Gewinne erzielt werden. Wir haben diesem Spray deshalb auch einen Namen gegeben: Vitalschub. Das Schöne an diesem Namen ist, dass er in einer der führenden Firmen entstanden ist, die dieses Spray schon seit geraumer Zeit einsetzt. Der Name Vitalschub steht für Kraft, Einfluss und Macht. Ich finde den Name sehr passend. Shinji hätte dem sicher zugestimmt. (Danke, Jeroen!)

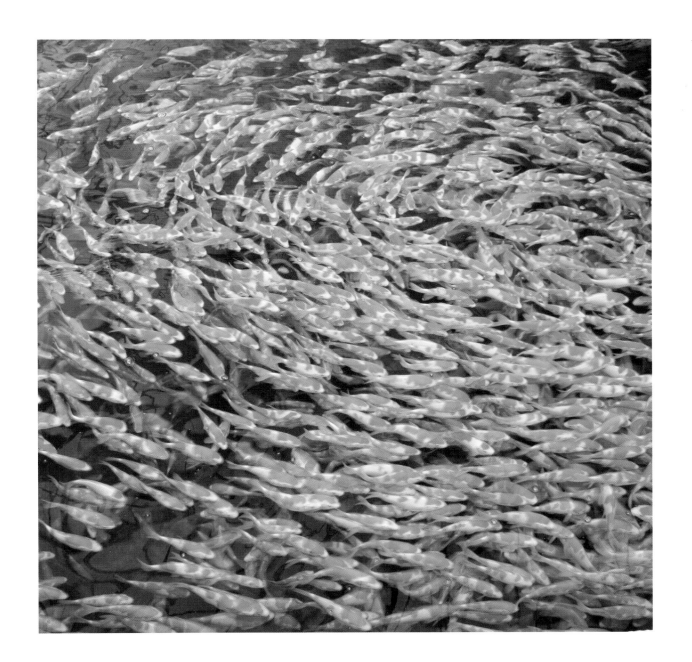

14
Das Tagebuch für den Koi-Besitzer

Wir wenden uns nun dem Maul des Kois zu. Shinji ging bei der Fütterung der Fische sehr weit, und das aus gutem Grund. Es ist ungeheuer wichtig, dass die Vitalität des Kois immer im absoluten Vordergrund steht, und nicht Größe oder Farbe. Einem wichtigen Punkt möchte ich mich daher noch widmen. Jede Variante wird auf spezielle Weise gezüchtet und gefüttert. Und jede Variante benötigt ihr ganz eigenes, spezielles Futter. Das ist auch der Punkt, den Shinji in Europa so befremdlich fand. Es gibt hier lediglich ein allgemein gültiges Körnerfutter, das aus verschiedenen Zutaten besteht, aber es gibt nirgendwo spezielles Futter für die Kohaku oder den Syowa.

Für Shinji war klar, dass es dem Nishikigoi außerhalb von Japan eine sehr schwere Zeit bevorstand. Jedes Pigment braucht Aufmerksamkeit. Das fördert man nicht mit einer einzigen Futtersorte. Hier braucht es verschiedenste Ingredienzien. Es ist die Kombination, die das Gesamte vervollständigt. Die Vitalität ist hierbei der wichtigste Faktor. Dies sehen glücklicherweise inzwischen auch verschiedene Futterhersteller so, und so wird sich der Vitalität auch intensiv gewidmet. Shinji behauptete, dass jeder Nishikigoi auf seine eigene Art und Weise gezüchtet wird. Futter ist der Hauptfaktor, der eine bestimmte Fischart in Spitzenform bringt.

"Der größte Feind des Teiches ist der Eigentümer selbst. Wenig Wissen trifft oft auf viel Tatendrang", so Shinji.

Ohne eine gute Wasserqualität und ein gezieltes Futter können Fische wie die, die aus Japan importiert werden, hier nur schwerlich überleben. Mehr noch, der Koi-Liebhaber wünscht und kauft oftmals einen Koi, der bereits in Spitzenform ist. Die Züchter in Japan züchten die Fische so, wie die späteren Besitzer diese haben möchten. Langfristig geht das dann oftmals zu Lasten des Wachstums und der Farbe des Kois. Und spätestens dann kommt die Enttäuschung darüber, dass der Fisch nicht mehr die Farbe hat, die man sich von ihm wünscht. Das Ende ist dann, dass mit dem Finger auf den anderen gezeigt wird, den Züchter. Shinji fand aber, dass jeder nur auf sich selbst zeigen dürfe.

"Du hast leicht reden," hielt ich dagegen. "Du machst dein ganzes Leben lang nichts anderes und hast sogar wissenschaftliche Tests durchgeführt. Und hinzu kommt dann noch, dass du über ein Wissen und über Erfahrungen verfügst, das über Jahrhunderte durch deine Familie gesammelt wurde. Wie kannst du dann erwarten, dass ein Hobbyist den Nishikigoi versteht, wenn er doch überhaupt keine Informationen über diesen vom Züchter bekommt. Und sein wir mal ehrlich, wir behaupten, von den Züchtern viel zu erfahren, aber die Züchter lassen immer nur das an Information raus, was die auch loswerden wollen. Die wahren Geheimnisse wird man als Laie nie ergründen dürfen. Dafür ist die japanische Philosophie zu stark. Dies wird aus der Tatsache ersichtlich, dass Züchter – wenn sie ihrer Meinung nach versagt haben – Selbstmord begehen. Und glaubst du dann wirklich, sie würden uns die notwendigen Informationen zuspielen, um einen perfekten Nishikigoi zu züchten?"

Im Jahr 1991 hatte ich meine Kollektion vollständig zusammen. Stolz schwammen sechsundzwanzig Fische in einem Teich mit rund 35 m³. Durch das Eintreffen eines Showa wurde zuletzt auf eine nicht natürliche Weise gehandelt. Eine Weise, die Shinji unglaublich wütend auf mich machte. Ich werde seine Worte nie vergessen. "Spring doch selbst mal da rein," sagte er. Einerseits verstand ich ihn durchaus. Andererseits wusste ich es einfach auch nicht besser. Shinji hatte mir nie gesagt, wie die Natur damit umgeht. Ich bat ihn, es mir zu erklären.

Shinji sagte: "Paul, Aussage eins: frage dich bitte immer selbst ganz genau, warum du etwas tust. Konzentriere dich nicht nur auf Parasiten, sondern lass dich vom Bonsai führen. Gehe zurück zum Ursprung und frage dich klar und deutlich, welchen Schaden du anrichten kannst, wenn du bedenkenlos etwas in den Teich wirfst."

Die Leute erschrecken sich immer sehr, wenn sie das Wort Parasiten hören. Sie machen dann die verrücktesten Dinge. Ist die Vitalität ihres Filters und ihrer Fische nicht einwandfrei, können sich Parasiten natürlich rasend schnell ansiedeln. Ist aber alles in bester Ordnung, wird es für sie ein ganzes Stück schwieriger. Wichtig ist es, dass Sie sich fragen, wie Ihre Fische zu diesen Parasiten gekommen sind.

Mehrere meiner Freunde begannen 1995 damit, sich Teiche anzulegen und auch Fische zu kaufen. Immer wieder bekam ich Fragen über das Wohlergehen ihrer Kois gestellt. Ich bat Shinji, eine Art Tagebuch für einen Standard-Koi-Besitzer zu verfassen, so dass man sich das ganze Jahr hindurch mühelos seinen Fischen mit der jeweils richtigen Vorgehens- und Behandlungsweise widmen und auch einem Winter mit niedrigen Temperaturen in aller Ruhe entgegensehen konnte.

Shinji dachte nicht lange darüber nach. Er schrieb ein wunderbares Drehbuch. Und das möchte ich Ihnen natürlich keinesfalls vorenthalten. Das Drehbuch stammt aus dem Jahr 1995. Sie werden merken, dass hier nicht viele neue Dinge drinstehen, die bis heute in unserem Hobby noch nie zum Einsatz gekommen sind. Sie werden Rezepte lesen, die mit großer Sorgfalt zubereitet werden müssen. Mit anderen Worten, machen Sie erst eine deutliche Analyse, bevor Sie etwas verabreichen.

Das große Glück in der Sichtweise von Shinji ist, dass er immer und ausschließlich mit Naturprodukten arbeitete. Großen Schaden können Sie hierdurch nicht anrichten, vorausgesetzt natürlich, Sie halten sich an die Rezeptur. Zuviel ist nie gut und kann immer zu ungewünschten Reaktionen führen.

Absolute Priorität hatten bei Shinji immer die Wasserqualität und das Futter. Aber aufgepasst, Shinji hat die Wasserqualität so beschrieben, wie sie für den heutigen Koi-Besitzer in Europa am allerbesten ist. In den nächsten Büchern lernen Sie von Shinji, dass spezielles Futter bei bestimmten Wasserwerten zu einem anderen Ertrag führt. Aber hierzu später mehr. Dies klingt vielleicht etwas nervend – ich wollte auch immer alles sofort wissen – aber Shinji vertrat hier eine klare Meinung: "Paul, du musst erst laufen lernen, bevor du einen Berg besteigen kannst."

Wasserwerte.

Shinji äußerte sich zu den Wasserwerten kurz und deutlich: "Der Filter ist das Herz des Teiches. Sorge immer für die notwendigen Bakterien, sodass der Teich optimal funktioniert."

Jeder Koi-Besitzer und auch der Fachhandel haben hierzu eine ganz eigene Meinung. Fragen Sie sich daher immer selbst, ob es in der Tat der richtige Filter ist, den Sie benötigen, um Ihren eigenen Teich optimal zu versorgen. Hierbei sind die Bakterien am wichtigsten. Ein guter Fachhändler kann Sie hier beraten und die richtige Empfehlung geben. Ammonium, Ammoniak und Nitrit müssen null sein. Jede Form des Anstiegs ist nicht gut und bringt das Gleichgewicht in Gefahr. Der KH-Wert liegt vorzugsweise zwischen 5 und 8. Für Shinji war der KH-Wert ein Spielball für das Wachstum. Shinji senkte diesen, um ein besseres Wachstum zu erzielen und das Wasser wurde abgefedert, um keinen Crash zwischen dem pH-Wert und dem KH-Wert zu bekommen. Der GH-Wert liegt zwischen 8 und 12. Der pH-Wert hingegen wurde noch am umfassendsten erklärt. Dieser ist für den Koi sehr wichtig. Im Allgemeinen wird gesagt, dass dieser zwischen 6 und 9 liegen darf, aber Shinji zufolge hat es Auswirkungen auf den Fisch, wenn der pH-Wert über 7,5 liegt. Dass er hierin überleben kann, hat er bereits bewiesen, aber auf Kosten seiner Vitalität. Der ideale pH-Wert liegt daher zwischen 6 und 7,5. Vor allem auch dann, wenn es um das Futter geht. Auch obwohl die Enzyme im Dünndarm einen konstanten pH-Wert haben, ist Shinjis Meinung nach der Säuregrad wichtig, wenn man Körnerfutter gibt. Die Körner nehmen diesen jedenfalls auf. Säuren reiben sich dann immer kurzzeitig. Das kann den Stoffwechseln durch die Enzyme stark beeinflussen.

Wasser erneuern.

Shinji hielt den pH-Wert immer sorgfältig zwischen 6,8 und 7,3. Er betrachtete dies als den idealen Wert für die Enzyme. Außerdem ist es extrem wichtig, dass ausreichende Mineralien im Wasser sind. Shinji stellte hierfür eine Mineralien- und Kräutermischung her, die das Gleichgewicht während des gesamten Jahres sichern sollte, und zwar auch bei niedrigen Temperaturen. Oft wird geschrieben, dass unser heutiges Leitungswasser die notwendigen Mineralien besitzen würde. "Ist dies wirklich so?" fragte Shinji dann. "Kann ein Wasserversorger das ganze Jahr über dieselbe Qualität liefern. Zum Beispiel im Sommer mit hohen Temperaturen, Bakterienwachstum und mehr Bedarf durch die Verbraucher?" Shinji hatte da so seine Zweifel.

In seinem Tagebuch für den Hobbyisten ging Shinji davon aus, dass der Filter und die Wasserqualität des Hobbyisten korrekt waren, wenn jeder Fisch mit einer Größe von maximal einem Meter 1 m³ zur Verfügung hatte. Eine ordentliche Besetzung, die jede Menge Aufmerksamkeit braucht. Aber das war nun mal die Ansicht, die Shinji vertrat. Er sagte, dass man diese Masse ja auch nicht einfach so in einen Teich setzt, wodurch auch nicht so schnell Probleme mit dem Filter auftreten würden. Der Koi-Besitzer von heute hat ungefähr 50 – 60 Zentimeter pro 1 m³. Shinji nahm es mit dem Erneuern des Wassers doch sehr genau. Bis 15 Grad Celsius wurden wöchentlich 5 % des Wassers ausgetauscht, darüber 10 %.

Das Füttern.

Shinji hatte hierzu einige grundsätzliche Regeln für die Koi-Besitzer parat: Füttere erst dann, wenn das Wasser 7 Grad Celsius oder mehr hat. Man beginnt mit leicht verdaulichem Futter mit wenig Eiweiß. Das wird dann gesteigert, wenn die Temperatur weiter steigt. Fische müssen innerhalb von ein paar Minuten alles auffressen. Reste werden am besten entfernt. Wenn Sie ein gutes Empfinden für Ihre Fische haben, wissen Sie oftmals auch, wie viel Futter diese brauchen, wodurch die Dosierung einfacher angepasst werden kann. Das Risiko, das hier schlummert, ist, dass man geneigt sein könnte, etwas mehr zu füttern, wodurch man dann schnell zuviel füttert. Bitte achten Sie immer genau hierauf. Sorgen Sie dafür, dass das Futter klein genug ist und füttern Sie immer maßvoll. Für kleine Fische ist es besser, öfter kleine Portionen zu füttern. Als Richtlinie können Sie ruhig 5 Gramm je 50 Zentimeter Fisch rechnen. Wenn Sie auch anderes Futter als Körnerfutter anbieten, füttern Sie dieses dann möglichst frisch und den Jahreszeiten angepasst. Nimmt der Fisch das neue Futter nicht sofort an, können Sie dieses immer mit dem Körnerfutter mischen, das er zu dem Zeitpunkt annimmt. Körnerfutter bietet außerdem noch einen Mehrwert, wenn man es mit Säften kombiniert, die Sie Ihrem Koi gern zukommen lassen möchten. Hier bietet sich Orangensaft oder auch Tomatensaft an. Mischen Sie die Säfte, die beim Zerkleinern entstehen, mit den Körnern, so dass der Fisch alles aufnehmen kann.

Der Fisch braucht in der Regel zwei Wochen, um sich an ein neues Futter zu gewöhnen. Seien Sie also vorsichtig mit neuem Futter. Dies gilt auch für Körnerfutter. Die Empfehlung von Shinji lautet hier: mischen, mischen und noch einmal mischen. Der Koi ist ein Allesfresser. Bieten Sie ihm ein abwechslungsreiches Futterangebot. So gewährleisten Sie die Vitalität des Kois.

Für meine Freunde war es anfangs sehr befremdlich, einerseits freuten sie sich über alles, was sie über das Futter lernten. Andererseits fehlte ihnen der Mut, dem Fisch wöchentlich eine Tomate zu geben. So brachten sie Shinji zum Lachen. Ihm war dieses Verhalten bei uns Europäern öfter aufgefallen. "Stark im Reden, schwach in der Umsetzung," war sein Credo.

Tipps: Führen Sie ein Logbuch. Notieren Sie genau, was Sie füttern und bei welcher Temperatur Sie dies tun. Im Laufe der Jahre werden Sie Ihre ganz eigene Art entwickeln, und das ist genau das Wunderbare. Außerdem werden Sie so beobachten können, wie die Vitalität Ihres Kois zunimmt, obwohl der Fisch gleichzeitig ja älter wird.

15

Der goldene Leitfaden
für Ihr Hobby

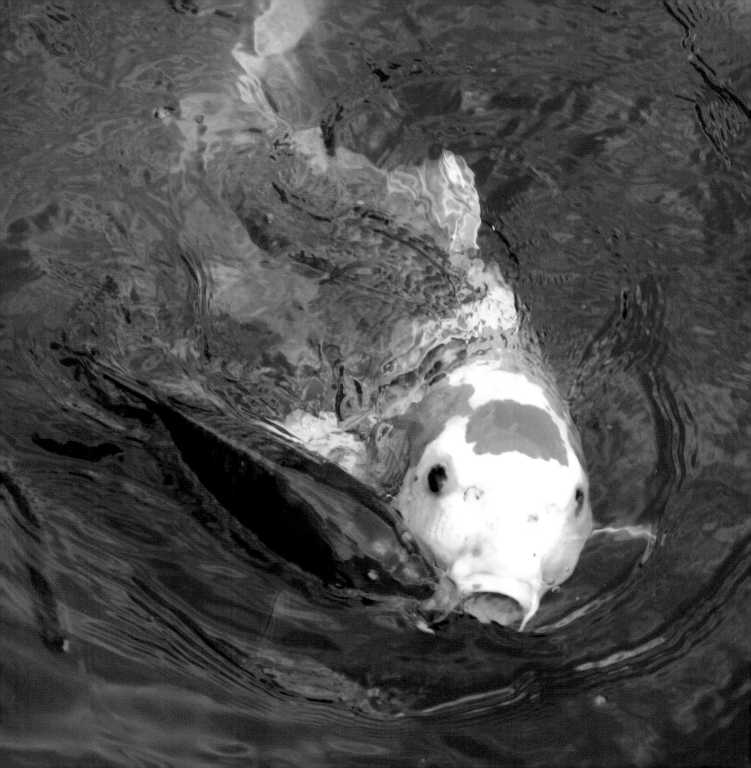

Der Frühling,

Die meisten Koi-Besitzer stehen in den Startlöchern, um die ersten Sonnenstrahlen des Frühlings zu genießen. Komplette Strategien werden entwickelt, um den Filter zu reinigen, und zwar mit allen damit verbundenen Risiken. Shinji und ich gerieten zu Beginn immer wieder in Diskussionen. Ich fragte ihn, was die beste Art sei, den Frühling zu überbrücken. Dann lachte Shinji. Er sagte mir, dass das allerwichtigste des Frühlings der Herbst sei. In aller Ruhe dachte ich darüber einmal nach. Und schnell kam ich dahinter, dass ich das nicht verstand. Shinji schirmte all meine Fragen mit der Gegenfrage ab, ob ich seine Beratung wolle. Beleidigt hielt ich meinen Mund. Shinji sagte lachend: "Du musst es immer mitteilen, wenn etwas durch deinen Kopf geht." Nach einem Tee bekam ich, was ich wollte.

Shinji erzählte frei heraus: "Durch den Temperaturanstieg wird das gesamte Leben im Teich und um ihn herum aktiver. Die Kunst ist es, hiermit richtig umzugehen. Weiche nicht von deinem festen Schema ab, indem du zum Beispiel den ganzen Filter reinigst."

Das passierte bei Shinji ohnehin nicht. Dafür hatte er die Bakterien. Und das Austauschen? Unter 15 Grad Celsius wöchentlich 5 % des Wassers. Über 15 Grad Celsius 10 %. Ansonsten ließ er den Filter in Ruhe. Ab 7 Grad Celsius begann er, den Fischen leichtes Futter mit wenig Eiweiß zu geben. Denn nach Shinji sind in der Natur dann noch nicht viele Insekten aktiv, die der Koi fangen kann. Dafür hat die Natur aber auch einen Grund.

Shinji meinte hiermit die Enzyme, die bei steigenden Temperaturen aktiver werden. Ab 7 Grad Celsius füttern, das war immer seine überzeugte Antwort. Mit steigenden Temperaturen und gezielten Futter können Sie intern wenig Schaden anrichten. Bis 10 Grad Celsius bekommt jeder Fisch nur 10 Gramm Futter pro Tag. Dies wird am Morgen sorgfältig abgewogen, um dann über den ganzen Tag verteilt an die Fische verfüttert zu werden. Ab 7 Grad Celsius wird wöchentlich samstags eine Tomate als Bonbon zugefüttert.

Hier gab Shinji ein Gewicht von 5 Gramm pro Fisch zusätzlich ins Körnerfutter. Achten Sie aber darauf, dass die Tomate ganz klein geschnitten wird. Die Körner nehmen den Fruchtsaft gut auf, wodurch dieser gut vom Koi verspeist werden kann. Ab 7 Grad Celsius wird auch wöchentlich (mittwochs) Kiwi zum Körnerfutter gemischt. Dieselben 5 Gramm Tomate gab er ebenfalls den Fischen. Auch hier immer gut dafür sorgen, dass alles sehr kleingeschnitten wird. Auch bei großen Fischen.

Machen Sie nicht den Fehler, mehr zu füttern, weil Sie größere Fische im Teich haben. Die Enzyme müssen in Ruhe in Gang kommen. In einem größeren Fisch sind auch mehr Enzyme. Aber sie brauchen Zeit und eine ansteigende Temperatur, um in voller Intensität zu produzieren.

Im Frühjahr wird ebenfalls gern Butterblume eingesetzt. Gab es schon die ersten Sonnenstunden, dann stehen auch die ersten Sträuße schon auf den Wiesen. Eine schöne Zeit, wenn Shinji in der Nähe war. Wenn er sie mir pflücken ging, konnte ich mir ausschweifender Gespräche über die Natur gewiss sein. Sie werden sich vorstellen können, dass wir dann nicht nur mit Butterblumen nach Hause kamen (andere wertvolle Pflanzen werden in Buch 2 und 3 behandelt). Komplett mit Wurzel wurde die Butterblume mitgenommen. Während des Säuberns wurden Blüte und Stängel entfernt. Die Blätter und die Wurzel wurden kleingeschnitten, um dann in einem Topf mit Wasser rund zehn Minuten gekocht zu werden. Blätter und Wurzeln wurden entfernt. Die Suppe war dann fertig, um eingesetzt zu werden.

Achtung: für 50 m³ benutzte Shinji ein Kilogramm reine Blätter und Wurzeln der Butterblume. Es ist einfach, dies richtig zu dosieren. Geben Sie sieben Liter Wasser in einen Topf mit einem Kilo Butterblumen. Der Kochvorgang wird rund eineinhalb Liter Flüssigkeit verbrauchen, wodurch dann noch rund fünf Liter übrig bleiben.

Pro 10 m³ verwenden wir einen Liter Suppe von der Butterblume. Bitte lassen Sie diese kalt werden, bevor Sie sie in den Teich geben. Dies tat Shinji im Monat April und Mai einmalig präventiv. Shinji gab die Butterblume durchaus auch zum gekochten Reis. Dies machte er meistens einmal am Ende des Monats Mai oder Anfang Juni.

Das Wasser wird monatlich mit Mineralien, Kräutern, Kristallklar und Bakterium Aktiv versorgt. Diese „Vorspeise" setzt Shinji jeden Frühling für den Filter ein. Nach langen Regentagen oder bei heftigen Gewittern setzte er die Vorspeise durchaus auch nochmalig ein. Die Bakterien werden monatlich gut dosiert beigemischt. Auch in den Wintermonaten bis 7° Celsius. Die 7-Grad-Marke war eine feste Größe in seinem Kopf. Nach den entsprechenden Tests war diese Gradzahl für ihn heilig.

Ab 10° Celsius können Sie mit Reis beginnen, vorzugsweise mit braunem Reis, da dieser hochwertigere Nährstoffe enthält. Während des Kochens werden dann noch 10 % kleingeschnittene Erbsen oder Bohnen hinzu gegeben. Auch frischer Spinat empfiehlt sich hier. Kochen Sie den Reis bitte rund 12 Minuten. Sollten Sie nach dem Kochen noch Restwasser haben, fangen Sie dieses auf und lassen es abkühlen. Wenn das Wasser dann auf Teichtemperatur ist, können Sie es in den Filter geben (Erläuterung Buch 2: Shinji und Japan). Wenn der Reis und die weiteren Zutaten abgekühlt sind, bekommen die Fische nicht mehr als 20 Gramm pro Fisch pro Mahlzeit. In der Regel – bei einer Temperatur von 10 bis 17 Grad bekommen sie diese Mischung dreimal täglich.

Ab 18° Celsius auch durchaus viermal pro Tag. Mit Gemüse wird alle vierzehn Tage gefüttert. Wenn der Fisch dieses Futter beim ersten Mal nicht annimmt, mischen Sie ein wenig Körnerfutter dazu. Ein Löffel Knoblauch oder ein kleines bisschen Schnittlauch haben auch Anziehungskraft für den Koi. Der Mehrwert von Knoblauch und dessen kleinem Bruder Schnittlauch ist daher jetzt auch deutlich. Knoblauch oder Schnittlauch benutze ich in der Regel nur ein- oder zweimal monatlich. Hier ist vor allem wichtig, dass Sie den Koi nicht zu oft verwöhnen. Knoblauch hat in Kombination mit anderem Futter eine präventive Wirkung gegen Parasiten. Shinji rührte den Knoblauch auch durchaus hin und wieder durch die Dosierung der Mineralien, Kräuter und Kristallklar. Er benutzte hiervon immer einen Teelöffel, ungeachtet der Größe des Teiches. Ein größerer Teich bekam nach einigen Wochen noch einen zweiten Teelöffel Knoblauch extra gereicht.

Wenn das Wasser circa 10 Grad Celsius hat, steht der Sommer vor der Tür. Eine wichtige Facette ist dann das Beimischen von Brennnessel zum Futter. Brennnesseln sind als stechende und juckende Wildpflanzen bekannt. Wenn sich der Frühling dem Ende neigt und der Sommer beginnt, entwickeln die Brennnesseln helle Blüten. Die männlichen Blüten richten sich nach oben, die weiblichen nach unten. Die Brennnessel ist reich an Vitaminen und Eisen und daher sehr wertvoll für den Koi. Shinji setzte die Brennnessel auch präventiv gegen Parasiten in Kombination mit anderem Futter ein. Brennnesseln kommen ebenfalls in verschiedenen Medikamenten zum Einsatz – auch für den Menschen. Zweimal pro Jahr, im Frühling und im Sommer, mit einer Zwischenzeit von gut zwei Monaten pflückte Shinji Brennnesseln. Für zwei Fische pflückte er jeweils einen Stängel. Die juckende Flüssigkeit befindet sich in den Täschchen der juckenden Härchen am Stängel. Eine „lustige" Arbeit also.

Die Blätter werden für einen Tag zum Trocknen gelegt. Mein Vater steckte alles sorgfältig in eine Kiste und stellte diese oben in den Schuppen, sodass die Sonne den Rest erledigen konnte. Am Tag darauf wurde dann die Suppe gekocht.

Die Blätter werden mit Kartoffeln (eine Kartoffel für zwei Fische) in fünf Litern Wasser zum Kochen gebracht. Das Ganze lässt man dann rund zwanzig Minuten ruhig vor sich hin kochen.

Danach geht das Ganze in den Mixer oder Blender, sodass alles sehr klein geschnitten wird. Shinji gab hier immer einen Teelöffel gemahlenen Knoblauch dazu. Es kommen so zwei Zutaten zum Einsatz, die präventiv gegen Parasiten wirken. Achtung! An diesem Tag bekommen die Fische viermal dieselbe Mahlzeit.

Zum Beispiel: Sie haben zehn Fische. Sie wiegen vier Mal einhundert Gramm Suppe ab (zehn Gramm pro Fisch). Diese geben Sie in vier Schüsselchen. Jeweils immer dann, wenn eine Schüssel über den Tag verteilt verfüttert wird, geben Sie einhundert Gramm Körnerfutter zur Suppe hinzu. Kurz mischen und dann den Fischen geben. Sie werden merken, dass nicht alles gefressen wird, weil es zuviel ist. Das aber ist nicht wichtig, da die Parasiten und ihre Artgenossen auch im Filter sitzen. Eine multifunktionelle Suppe nannte es Shinji daher.

Für den Rest der Suppe einfach etwas Brot rösten, Koi-Freunde einladen und dann gemeinsam mit dem Koi eine wunderbare Suppe genießen. Diese Suppe können Sie allerdings nur am Herstellungstag verwenden. Alles bitte in vier Portionen geben, und das bitte auch nicht öfter als zweimal jährlich. Ansonsten wird an diesem Tag nicht gefüttert.

Oft hört man von Koi-Besitzern, dass das Wasser verschmutzt. Wenn Sie es sehr, sehr sauber mögen, ist dem auch sicherlich so. Oftmals sind Sie aber selbst die Ursache für das Krankheitsbild Ihres Kois.

Shinji war hier eindeutig: "Schmutz und Schmutz sind etwas sehr unterschiedliches. Wenn man maßvoll füttert und trotzdem Schmutz auftritt, müssen Sie sich selbst fragen, ob der Filter ausreichend ist."

Sollte mal überschüssiges Futter auftreten, müssen Sie dies einfach als Mehrwert für Ihren Filter betrachten und nicht negativen Gedanken über die Klarheit des Wassers hinterher hängen. Läuft der Filter einwandfrei, ist dies alles vollkommen in Ordnung. So sehen es die japanischen Züchter gern.

Wenn ich sehe, wie bei manchen Züchtern die Filter aussehen, frage ich mich, wie es denn sein kann, dass Koi-Besitzer so schöne Fische haben können. Ich beginne oft mit ihnen zu diskutieren und erkläre ihnen, wie steril hier über Filter gedacht wird. Züchter in Japan finden das übertrieben. Ein steriler Filter führt ihrer Meinung nach zu einem sehr empfindlichen Fisch mit einer geringeren Vitalität und mehr Krankheiten.

Shinji hielt dies für eine gefährliche Zeit im Hinblick auf das Füttern. Man warf oft zu schnell zu viel Futter nach den Tieren. Die Fische haben in den ersten Tagen erheblich damit zu kämpfen. Viele Koi-Besitzer finden es süß, wie der Koi betteln kommt, nachdem er vor einer halben Stunde erst eine volle Portion gehabt hat. Fische haben den ganzen Tag lang nichts anderes zu tun, als zu fressen. Sie fressen alles, was ihnen in den Rachen kommt.

Inzwischen sind zu viele Sorten auf dem Markt. Wir können den Wald vor lauter Bäumen nicht mehr sehen. Sie müssen sich die Frage stellen, wo der Mehrwert für Ihre Fische liegt.

Bei Shinji Zuhause wurden nur zwei Arten Körnerfutter produziert. Eines für die Fischchen bis zu einem Jahr und eines für ältere Fische. Die Basis des Körnerfutters war so breit auf die Vitalität der Fische ausgelegt, dass nur eine Sorte notwendig war. Ab 7 Grad Celsius fütterte er dies.

Außerdem war er der Auffassung, dass die Körner nur 50 % des speziellen Futters ausmachen. Der Rest besteht aus anderen Produkten. Wachstum und Farbe stoppt man nicht mit einem Futterkorn. Jede Farbe hat eine andere Tragfläche zur Optimierung. Das Wachstum erfordert regelmäßig frisches Futter.

Ich komme zum Beispiel zu einem traditionellen japanischen Züchter, der Futter hat für die Kohaku, Sanke, Shiro und Syowa, jeder mit einer guten, sauberen Blutslinie. Auf jede Blutslinie kann im Wachstum zu rund 40 % direkt eingegangen werden. Den Rest macht ein spezielles Basisfutter für das Wachstum, das regelmäßig mit frischen Früchten, verschiedenen Mineralien, Vitaminen und Antioxidantien gemischt wird. Kräuter spielen hier ebenfalls eine große Rolle. Aber wenn ich auch nur eine Frage in diese Richtung stelle, werde ich nur freundlich angelächelt. Den Rest darf ich mir einfach denken. Im Nachhinein weiß ich, welches Glück ich gehabt habe, dass ich Shinji kannte. Es war ein Privileg.

Im Tagebuch für Koi-Besitzer steht zweimal wöchentlich Pasta als roter Faden für den Sommer. Rosenkohl und Erdbirnen werden dieser hinzugefügt. Aber bitte nie mehr als 10 % des gesamten Pastagewichts. Immer wird alles gut zerkleinert. Pro Fütterung geben Sie zwanzig Gramm pro Fisch. An dem Tag wird dreimal gefüttert. Der Fisch kann dies gut verarbeiten. Anderes Futter wird an diesem Tag nicht gereicht.

Auch nicht, wenn noch Besuch kommt (einer der Verursacher für Überfütterung). An anderen Tagen wird viel frisches Obst gereicht, mit oder ohne Körner. Ich selbst gebe Körner zum Obst dazu, aus dem viel Saft beim Kleinschneiden kommt. Entsteht zuviel Saft, gebe ich noch einen Teelöffel Kristallklar darüber. Warum Kristallklar, Shinji? "Jeder, der atmet, benötigt Mineralstoffe. Für Fische finden wir die richtigen im Kristallklar", sagte Shinji. Schön, damit konnte ich dann weiterarbeiten (eine komplette Erklärung finden Sie in Buch 2: Shinji und Japan).

Die Kraft des Kristallklar ergibt sich aus der Kombination von Mineralien und Kräutern. Der Vater von Shinji hielt es für wichtig, dass der Fisch einmal wöchentlich den Mix über die Körner oder anderes Futter bekommt. Ich selbst verwendet dreimal wöchentlich das Vitalspray und ich mische dort einmal wöchentlich einen Teelöffel Kristallklar durch. Für Shinji bot das Kristallklar auch noch einen anderen Mehrwert. Abgesehen davon, dass es sich als Beimischung zum Futter für den Koi und andere Tiere eignete, trank Shinji einmal wöchentlich ein Glas Wasser mit einem eingerührten Teelöffel Kristallklar. Beim ersten Mal, als ich es trank, fand ich es merkwürdig. Ein sandiges Gefühl in meinem Mund.... Jetzt, nach zwanzig Jahren, nehme ich es regelmäßig in meinen Grüntee. Anfangs fragte ich mich selbst auch, ob der Fisch genug essen würde, wenn ich nur Obst reichen würde. Ich gebe dem Fisch meistens mittags Obst. Ansonsten wird für den Rest des Tages anderes Futter gereicht, zum Beispiel Körner mit frisch gemahlenen Krabben. Vergessen Sie keinesfalls den mageren Joghurt. Shinji benutzte ihn einmal wöchentlich. Auch hier wiederum alles gut zerkleinern und maßvoll füttern. Was übrig bleibt, können Sie essen, auch Ihrer Vitalität kommt es zugute.

Im Sommer ist es besonders wichtig, den Fisch genau zu beobachten. Die spezifischen Merkmale eines Fisches treten dann deutlich in den Vordergrund. Shinji lehrte mich, die Fische genau zu studieren und schriftliche Analysen anzulegen. Merkmale, die notiert worden sind, kann man für die weitere Entwicklung des Fisches gut einsetzen. Nicht nur Angaben über sein Wachstum und über die Farbintensität müssen von Ihnen festgehalten werden. Sie müssen auch auf die Vitalität des Fisches achten. Und wie verhält sich der Fisch in seiner Umgebung? Beobachten Sie den Fisch einmal über längere Zeit, bevor er gefüttert wird. Betrachten Sie sein Verhalten, wenn Sie am Teich erscheinen und nicht direkt Futter geben. Warten Sie einmal eine halbe Stunde ab. Sie werden dann einen anderen Fisch sehen, der sich vollkommen anders verhält. Beobachten Sie ihn auch nach dem Füttern noch eine Weile. Versuchen Sie, den Fisch zu analysieren. Viele Koi-Besitzer sind zu schnell mit einer Analyse, wenn sich der Fisch merkwürdig verhält oder sich mal von den anderen Fischen absondert. Allzu schnell kommt es dann zu einer negativen Analyse. Jeder Fisch hat seinen eigenen Charakter, seine eigene Verhaltensweise und Besonderheit. Wenn sich ein spezifischer Fisch regelmäßig vom Rest absondert, bedeutet dies noch längst nicht sofort, dass der Fisch krank ist. Viele Koi-Besitzer urteilen dann schnell in diese Richtung. Wir hören oft von Koi-Besitzern, dass der Fisch dann eine Antibiotika- oder Vitaminspritze bekommen hat.

Nach einer Momentaufnahme wird dieser Fisch seinem Schicksal überlassen. Hätte sein Besitzer einen feineren Einblick in seinen Fischbestand gehabt, hätte er gewusst, dass dieser Fisch öfter allein schwimmt.

„Lerne die Fische kennen. Du wirst erkennen, welchen Mehrwert dies für die Fische hat – und für deine Gemütsruhe."

Durch das viele Zusehen, durch die notwendige Erfahrung und Fachkenntnis, die ich von Shinji bekam, wurde meine Sucht nur größer. Viele Menschen lachen, wenn sie das Wort Sucht hören. Aber glaube mir. Es ist wirklich so. Wenn wir auch nur in der Nähe eines Teiches sind, wird nur durch die Art der Bewegung oder den Stand der Augen eine Analyse gemacht. Die zweite Analyse folgt automatisch, in der man jede Variante einen Züchter zuordnet. Ich kann machen was ich will, es passiert immer. Irgendwie schlimm, nun mal ganz ehrlich, es ist doch auch schön, oder?! Shinji hat mich dazu gebracht. Er sagte: „Jetzt kannst du mit dem Hobby noch wieder aufhören. Bald kommst du davon nicht mehr los." Ich lachte hierbei anfangs immer. Unwissend nahm ich alle Informationen von Shinji an und in mich auf. Für jeden Koi-Besitzer ist es enorm wichtig, dass er seine ganz eigene Art entwickelt. Hierfür bietet sich der Sommer an. Erstelle regelmäßig eine Analyse und schreibe diese auf. Ich persönlich mache wöchentlich eine Analyse und gewinne nach Monaten, sogar nach Jahren noch Erkenntnisse daraus.

Shinji: „Den Sommer nutzt du, um die Vitalität des Fisches aufzubauen. Durch genaue Beobachtung und Analyse wirst du feststellen, dass der eine Fisch eine andere Behandlung braucht als der andere. Widmest du dich einem bestimmten Fisch mit einem bestimmten Futter direkt, dann kannst du den anderen Fischen einen Teil dieses Futters in Kombination mit Körnerfutter geben. Setze Pflanzen immer ein, wenn ihre Blütezeit auf den Höhepunkt zusteuert. Ist dieser Punkt bereits vorbei, wird ihre Wirkungsweise nicht mehr optimal sein. Verwöhne den Fisch nie. Dies würde sich immer gegen dich wenden, sogar zum Sterben könnte es führen. Füttere einen Tag in der Woche nicht. Diesen Tag nutzt du eventuell, um das Wasser zu erneuern."

In Buch 2 und 3 erfahren Sie viel über die Pflanzen und Kräuter, die im Filter eingesetzt werden. Diese werden immer nach dem Auswechseln eingesetzt. Füttern Sie nie zu einseitig. Langfristig wird Ihr Fisch hieran sterben. Die Vitalität wird immer weiter abnehmen. Fragen Sie sich immer selbst bei allem, was Sie im Sommer tun, welchen Mehrwert dies für das Ganze hat. Ich denke hierbei speziell an die Koi-Besitzer, die es für notwendig halten, den ganzen Filter zu reinigen. Der Sommer in den Niederlanden ist im Verhältnis zum Sommer in Japan erheblich kürzer. Uns fehlt für derartige Aktionen schlichtweg die nötige Wärme.

Ihre Wasserqualität ist im Sommer von größter Bedeutung für die Vitalität des Kois. Spielen Sie nicht mit der Gesundheit Ihres Kois. Shinji wurde hierüber immer böse. „Solche Koi-Besitzer dürfen sich nicht mit Fischen beschäftigen," sagte er. „Wenn man vor etwas keinen Respekt hat, darf man sich damit auch nicht befassen."

Der Sommer wird außerdem dazu genutzt, die Vitalität der Fische zu stabilisieren und zu sichern. Gibt es Fische, die eine größere Aufmerksamkeit beim Wachstum benötigen, dann kümmern Sie sich im Sommer darum. Unterstützt von speziellem Futter wird dann bis zu einer Wassertemperatur von 10° C weitergefüttert. Das Futter für die Farbe wird dem Spezialfutter allerdings erst später beigemischt (eine Erläuterung finden Sie in Buch 3). Stellen Sie sich einmal selbst die Frage, warum die "All Japan", die Koi-Messe in Japan, meistens in den Wintermonaten stattfindet.

Der Herbst.

Glücklicherweise haben wir in den Niederlanden seit einigen Jahren einen angenehm milden Herbst. Oft wird diese Zeit genutzt, um noch das Pünktchen auf das I zu setzen. Shinji wurde oft gefragt, ob es vernünftig sei, den Teich in den Wintermonaten abzudecken. Shinji hielt es für eine gute Idee. Die Temperatur wird so nämlich länger gehalten. Sie können länger mit gezielter Fütterung fortfahren. Der Fisch wird so auch nicht so schnell stark schwankenden Temperaturen ausgesetzt. Es gelang nur wenig Regen und Schnee in den Teich, wodurch wir in unserer kleinen eigenen Welt bestimmte Werte besser überprüfen können. Hieraus resultieren aktivere Fische, die Sie wiederum länger unter Kontrolle haben. Sehr wichtig ist allerdings, dass für eine Abdeckung ein Material verwendet wird, durch das Tageslicht gut hindurch scheinen kann. In der Spitze sollte sich eine kleine Öffnung befinden, um eventuelle Gase entweichen lassen zu können. Das Material muss natürlich widerstandsfähig gegen unser windiges Klima sein. Ebenso muss in der Abdeckung eine Sichtöffnung zur visuellen Kontrolle vorhanden sein. Vergessen Sie keinesfalls im Herbst unsere "Brennnessel". Shinji machte im Winter eine Liste mit Punkten für das restliche Jahr. Diese finden Sie in Buch 3.

Wenn Sie die Erkenntnisse und Informationen aus diesem Buch für Ihren Teich und Ihre Fische nutzen, legen Sie durch diese gezielte Recherche den Grundstein für das Gestalten eines eigenen Fachwissens als Koi-Liebhaber.

"Man muss erst laufen lernen, bevor man einen Berg besteigt," sagte Shinji.

Dies ist mir anfangs doch sehr schwer gefallen. Jetzt bin ich dankbar, dass Shinji mich regelrecht in Schutz genommen hat. Ich konnte mich in ruhigem Tempo entwickeln. Das vermittelte Wissen wird sukzessive umfassender und immer breiter. Hierin sind sicher auch Informationen enthalten, die nicht spezifisch auf Ihren Teich zugeschnitten sind, diese können Sie dann eventuell an einen "Koi-Freund" weitergeben. Dann haben wir vier Gewinner. Erster und wichtigster Punkt ist immer der Schutz und die Erhaltung der Vitalität unserer Tiere.

Der Nishikigoi muss in jeder Hinsicht Nummer eins sein. Das Wohlergehen des Kois steht sogar vor den Interessen des Kunden. Wenn Sie dies verstehen, dann haben Sie ein Koi-Herz! Als zweiten Gewinner betrachte ich die allgemeine Entwicklung unseres Hobbys. Als Drittes machen wir einen neuen Koi-Besitzer mit nützlichen Informationen glücklich. Und viertens sei gesagt, dass Shinji immer sehr glücklich war, wenn wieder ein wichtiger Schritt für den Nishikigoi außerhalb von Japan gemacht wurde.

Der Winter:

Es ist von wesentlicher Bedeutung, sich im Herbst und auch im Winter genau an den Leitfaden für den Koi-Besitzer zu halten. Sie werden auch in dieser Zeit ganz normal weiter Kristallklar geben. Die Fische benötigen nun dringend die Mineralien und Kräuter. Mithilfe der nötigen Rohstoffe haben Sie die Fische im Sommer auf dieses prächtige Niveau gebracht. Daher dürfen Sie die Zügel in der kälteren Jahreszeit auch nicht locker lassen. Ist Ihr Hobby denn dann plötzlich nicht mehr so wichtig? Überlassen Sie die Fische dann ihrem Schicksal? Ich bin mir sicher, dass kein einziger Koi-Besitzer das möchte. Jemand, der seinen Teich im Winter vernachlässigt, hat es nicht verdient, mit diesen herrlichen Fischen zu arbeiten. Glücklicherweise treffe ich gegenwärtig kaum noch Menschen, die dies tun. Meinen Worten ist sicher zu entnehmen, dass ich hier ein wenig emotional bin. Verantwortung und Respekt sind immer das höchste Gut und müssen im Vordergrund stehen!

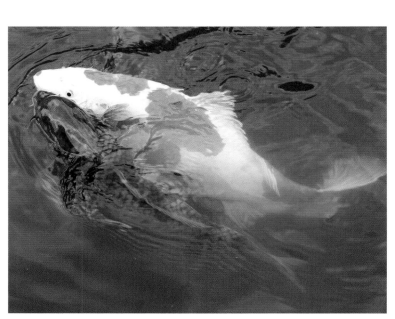

Der verantwortungsbewusste Umgang mit Ihrem Hobby

Lieber Koi-Besitzer!

— Wenn Sie sich diesem Hobby widmen möchten, ist es wichtig, dass Sie sich der Verantwortung bewusst sind, die sie übernehmen. Wir widmen uns lebenden Tieren, deren Schicksal in unseren Händen liegt. Wir hören viele Geschichten über unser Hobby. Darüber, wie wir es ausüben sollten, und wie besser nicht. Und vielleicht haben Sie gerade erst ein Buch gelesen, das eine Sichtweise bot, die uns vollkommen neu ist. Bitte fragen Sie sich immer und immer wieder, was wirklich gut für Ihre Fische ist.

— Denken Sie genau über Ihr Vorgehen nach, oft hält die Natur die Lösung bereits parat. Versuchen Sie immer, für sich eine gute Sichtweise und einen tiefen Einblick zu gestalten. Holen Sie sich alle wichtigen Informationen aus diesem Buch und lassen Sie Ihr Gefühl sprechen. Auch gibt es gute Fachhändler, die mit umfassendem Fachwissen weiterhelfen können, Menschen, von deren jahrelanger Erfahrung Sie eine Menge lernen können.

— Nach dem Lesen der Geschichten in diesem Buch werden Sie wahrscheinlich neue Fragen haben. Viele Fragen werden durch die folgenden Bücher beantwortet, in denen Sie dann noch mehr über Futter lernen werden, durch das „unsere Bonsais" noch vitaler und schöner werden. Sie werden ebenso lernen, sich oft auf die Basis zu berufen, um bestimmte Probleme zu lösen. Andere Fragen werden vielleicht während der Lesungen beantwortet werden können, die wir im ganzen Land durchführen.

— Einen Rat, den ich von Shinji bekam, möchte ich Ihnen mit auf den Weg geben: Lernen Sie die Basis gut von außen. Prüfen Sie Ihr neu erworbenes Wissen und treffen Sie nie eine Entscheidung, ohne diese mit ihrer eigenen Sichtweise und Vorstellung untermauert zu haben. Sichern Sie auf diese Weise immer die Basis des Bonsais.

— Die Rezepte in diesem Buch bestehen aus ausgewogenen Zutaten, die jeweils gezielte Funktionen haben. Viele Fische sterben an zu viel Futter. Sicher ist es so, dass die Verlockung groß ist, die eine oder andere Zutat zu häufig zu geben, wenn Sie entsprechende Ergebnisse sehen. Aber das darf heutzutage nicht mehr passieren. Bedenken Sie immer, dass alles eine bestimmte Wirkung hat. Alles hat seinen Platz. Vergessen Sie nie, dass Sie zu Beginn nicht alles verstehen werden. Sie werden mit Informationen überschwemmt, die vier Generationen von Profis angesammelt haben. Bereits seit rund zweihundert Jahren werden diese Informationen genutzt und täglich sind wir damit beschäftigt, unsere Erkenntnisse zu optimieren.

— Der Weg des Bonsais ist nicht immer einfach, aber die Vitalität des Nishikigoi wird dadurch geschützt. Das ist das oberste Gebot. Ein Koi-Besitzer muss über Disziplin und Verantwortungsgefühl verfügen.

— Haben Sie Fragen oder wünschen Sie weitere Informationen, dann besuchen Sie uns gern auf unserer Website: www.koiwerk.com oder mailen Sie uns unter info@koiwerk.com.

Ich wünsche Ihnen Weisheit,
Paul Souren

Shinji:

Je stiller du wirst,
umso mehr wirst du hören.

Text: Paul Souren.

Entwurf & Layout: Milanese©.

Druck: Hitzegrad/Dortmund.

Übersetzung: Connex Übersetzung - Christine Wruck.

Mit Dank an: Femke Smeets, Marcel Janssen und Herbert Vijgen aus den Niederlanden;

Heinz Fischer aus Deutschland; Taro Yamaguchi, Iro Tsuzuki und Fujiko Kato aus Japan.

Mit speziellem Dank an: Akikazu-san und Jun-san aus Japan.

Mit sehr großem Dank an alle Zen-Schriftsteller, die Shinjis Leben durch ihre Weisheit inspiriert haben.

Ich hoffe, dass diese Schriftsteller auch Sie auf Ihrem Lebensweg inspirieren werden.

ISBN 978-3-00-043020-6

Copyright Text © 2009 Paul Souren. Nichts aus dieser Ausgabe darf vervielfältig und/oder publiziert werden, ungeachtet der Art und Weise, wenn hierzu nicht die vorherige, schriftliche Zustimmung von Paul Souren, Postbox 119, 6400 AC Heerlen, gegeben wurde.

Bildnachweis:

Titelseite: Bonsai: iStockphoto (© John_ Woodcock)

Paul Souren ©: Seite 5 - 9 -13-15-20-27-33-37-42-43-49-51-56-57-59-67-75-83-96-97

Archiv Koiwerk/BK © : Seite 21-25-29-39-45-47-53-69-71-77-87-89-93-99-105-113-115-117-119

Fotolia: Seite 7 (© Mario Savoia) - Seite 17 (© Schwoab) - Seite 26 (© sunny07) - Seite 63 (© foto76)

Lieber Koi-Besitzer!

Alles was ich von Shinji in den Jahren gelernt habe, die Erfahrungen, die Kenntnisse und die Weisheit, habe ich in die Entwicklung meiner Produkte gesteckt.

Ich entwickle und verbessere meine Produkte weiter.

Sie können unter der Marke Koiwerk meine Produkte erwerben.

Das Beste

Das Beste von KOIWERK ist das ganzjährige Premium-Vollfutter, das Sie als Koi-Liebhaber einsetzen, wenn Sie besonderen Wert auf ausgewogene Ernährung und gesunde Lebensweise Ihrer Brokatkarpfen legen. Zum Einsatz kommen ausschließlich erlesenste natürliche Inhaltsstoffe, die aufgrund ihrer unterstützenden Auswirkungen auf die positiven Prozesse im Nahrungshaushalt von japanischen Züchtern empfohlen werden.

Das Beste von KOIWERK fördert die Gesundheit Ihrer Fische und verstärkt nachhaltig ihre Vitalität. Zum Ausdruck kommt dies durch stärkeres Wachstum, kräftigere Farbausprägung und außergewöhnliche Lebhaftigkeit. Die bestmögliche Wirkung erzielt das Beste bei einem Einsatz als Vollfutter.

Premium Heimservice

KOIWERK

Ihre Leidenschaft - Unser Antrieb

Sommertraum

Sommertraum von KOIWERK ist die hochwertige Wassernahrung für Ihre Koi. Durch den Einsatz von Sommertraum nehmen Ihre Brokatkarpfen neben dem Futter zusätzlich hochwertige Nährstoffe aus dem Wasser auf. Das optimierte Nahrungsverhalten sorgt nachhaltig für eine ausgewogene Ernährung sowie die Verbesserung des Eiweißstoffwechsels. Zusätzlich wird die Enzymbildung angeregt und die Bildung der weißen und roten Blutkörperchen unterstützt. Ergebnis ist die Stärkung des Immunsystems. Die spürbar höhere Vitalität Ihrer Koi wird Sie begeistern.

Erholungskur

Erholungskur von KOIWERK ist die pflegende und erholsame Kur nach Stress oder Krankheit Ihrer Koi. Ähnlich wie wir Menschen leiden auch Fische unter Stress. Wird ihre natürliche Umgebung durch einen Wasserwechsel beeinträchtigt, so sind sie Änderungen der Wasserzusammensetzung oder des pH-Wertes sowie Druckdifferenzen ausgesetzt. Auch Medikamentenbehandlungen oder Krankheiten können zur Schwächung Ihrer Fische führen. Fehlernährungen beeinträchtigen die Bildung von neuem Blut. Dabei werden lebenswichtige Substanzen von Fischen nicht nur durch das Futter aufgenommen, auch über die Haut findet eine Nährstoffaufnahme statt. Erholungskur ist eine gezielt auf die Erholung und Pflege Ihrer Fische abgestimmte Komposition aus Vitaminen, Mineralien sowie einer speziellen Rezeptur aus geheimen japanischen Naturkräutern und -pflanzen.

Winterzauber

Die Nahrungsaufnahme ist bei Koi insbesondere im Winter nicht auf das Fressen begrenzt. Zusätzlich können sie Nährstoffe durchs Wasser aufnehmen. Gerade in der kalten Jahreszeit kommt diese Ernährungsweise eine gesteigerte Bedeutung zu. Mit Winterzauber von KOIWERK fügen Sie dem Wasser reichhaltige Nährstoffe bei, welche die Vitalität Ihrer Fische gerade bei niedrigen Wassertemperaturen merklich erhöht und eine ausgewogene Ernährung sicherstellt. Zahlreiche Nutzvorteile sprechen für das hochwertige Winterzauber von KOIWERK:

- Es ist die ausgezeichnete Wassernahrung in Zeiten, in denen die Nahrungsaufnahme der Koi durch Futter eingeschränkt ist
- Das Ernährungsverhalten wird nachhaltig verbessert
- Die Vitalität wird angeregt und gesteigert
- Es stabilisiert das Immunsystem der Fische bei kalten Wassertemperaturen
- Die Enzymbildung wird angeregt und die Bildung von weißen und roten Blutkörperchen unterstützt
- Der Eiweißstoffwechsel bei der Nahrungsaufnahme wird optimiert

Wachstumswunder

Mit Wachstumswunder von KOIWERK unterstützen Sie das natürliche Wachstum Ihrer Koikarpfen auf rein biologische Weise, indem Sie Ihr tägliches Koifutter mit unserem hochwertigen Futterpulver anreichern. Die enthaltenen Aminosäuren optimieren als Baustein aller Proteine den Eiweißstoffwechsel, was den Größenzuwachs anregt. Die weiteren hochwertigen und ausschließlich natürlichen Zutaten von Wachstumswunder leisten zudem einen positiven Beitrag zur Vitalität Ihrer Fische und fördern ihre Gesundheit.

Farbenprächtig

Das hochwertige Farbenprächtig von KOIWERK besteht aus feinsten, rein biologischen Zutaten und unterstützt so die Pigmentfärbung Ihrer Koi auf natürliche Weise. Die speziell abgestimmte Mischung aus seltenen Naturkräutern und -pflanzen wirkt sich positiv auf den Organismus Ihrer Fische aus, stabilisiert ihre Gesundheit und fördert ihre Vitalität.

Vitalschub

Wenn Sie Wert auf ein vitales Leben Ihrer Koi legen, vertrauen Sie auf Vitalschub, das Gesundheitsspray von KOIWERK. Diese einzigartige Mischung aus wohltuenden Mineralien, Vitaminen sowie 52 geheimen japanischen Naturkräutern und -pflanzen basiert auf einem besonderen japanischen Rezept. Der Sauerstofftransport wird nachhaltig verbessert, weil die enthaltenen Kräuter den Aufbau von Hämoglobin in den roten Blutkörperchen stimulieren. Damit ist Vitalschub ein Garant für die Gesundheit und Lebendigkeit Ihrer Fische.

Frühlingserwachen

Zu Beginn einer jeden Saison sollten Sie die Qualität Ihres Teiches verbessern, um Ihren Koi den bestmöglichen Lebensraum für eine positive Entwicklung zu bieten. Frühlingserwachen von KOIWERK enthält eine Vielzahl an lebenswichtigen Mineralien, Spurenelementen und geheimen japanischen Kräutern, die den Mineralisierungsprozess anregen und das Teichleben stimulieren. Heterotrophe Bakterien werden aktiviert. Diese ernähren sich von vorhandenen biologischen Verbindungen, was zum Abbau von Abfallstoffen wie Fischexkrementen, verfaulenden Pflanzenresten und überflüssigem Futter führt. Hierdurch wird der Teich optimal gefiltert und gereinigt sowie die Teichqualität erheblich gesteigert.

Bakterium-Aktiv

Nach dem Einsatz von KOIWERK-Frühlingserwachen zu Saisonbeginn nutzen Sie das hochwertige Bakterium-Aktiv von KOIWERK, um die gute Qualität des Teiches zu erhalten und weiter zu optimieren. Bakterium-Aktiv enthält eine hohe Konzentration von heterotrophen Bakterien aus einem Mutterstamm erster Qualität. Eine ausgesuchte Mischung aus Mineralien und speziellen japanischen Naturkräutern und -pflanzen stabilisiert das Gleichgewicht in Ihrem Teich.

KH

Mit KH von KOIWERK erreichen Sie den bestmöglichen KH-Wert für Ihren Koiteich. Dabei beschreibt der KH-Wert die Karbonathärte Ihres Wassers. Dieser Wert ist wichtig zur Stabilisierung des Säuregrades und zur Pufferung des pH-Wertes (beschreibt den Säure-Basen-Grad des Wassers). Ein zu niedriger KH-Wert hat negative Auswirkungen auf die Fische und Pflanzen. Ausreichende Karbonathärte dagegen verhindert das Absinken des pH-Wertes und damit die Übersäuerung Ihres Teiches, wenn Säuren durch Ausscheidungen der Koi sowie den Abbau von organischem Material entstehen. Erst ab einem KH-Wert von 5 ergeben sich ausgewogene Lebensbedingungen für Ihre Fische. Eine Steigerung auf einen KH-Wert zwischen 6 und 9 wird von erfahrenen Züchtern jedoch als optimal angesehen.

Ammoniak- und Nitrit-Optimator

Der hochwertige Ammoniak- und Nitrit-Optimator von KOIWERK setzt einen biologischen Nitrifikationsprozess in Ihrem Teich in Gang, der Ammoniak in Nitrit und anschließend Nitrit in das weniger schädliche Nitrat umwandelt. Die fermentierte Flüssigkeit enthält neben erlesenen Nitrobacter- und Nitrosomonas-Bakterien auch schlammzerfressende Enzyme und enzymproduzierende Bakterienstämme.

Kristallklar

Das hochwertige Kristallklar von KOIWERK optimiert die Teichqualität und schafft so einen ausgewogenen Lebensraum für eine optimale Entwicklung und ein gesundes Leben Ihrer Koi. Durch die ausgesuchte Mischung aus Mineralien und speziellen japanischen Naturkräutern und -pflanzen wird die Vitalität Ihrer Fische spürbar gefördert.

Kristallklar von KOIWERK löst zahlreiche positive Effekte aus:

- Unterstützt den Abbau organischer Abfallstoffe
- Verbessert die Filterwirkung und sorgt für klares Wasser
- Verhindert das Algenwachstum
- Steigert die Hautqualität der Koi
- Fördert die Pigmentierung und Farbgebung

GH

Mit GH von KOIWERK steigern Sie den GH-Wert Ihres Teiches in den optimalen Bereich. Der GH-Wert misst dabei die Gesamthärte des Wassers. Er ist besonders wichtig, da er die organischen Funktionen aller im Wasser befindlichen Lebewesen beeinflusst. Erst ein GH-Wert von mindestens 8°dH (°dH= Grad deutscher Härte) sorgt für ausgewogene Lebensbedingungen in Ihrem Koiteich. Sinkt der GH-Wert unter 8, kommen die biologischen Prozesse zum Stillstand. Dies beeinträchtigt massiv die Gesundheit Ihrer Koi. Eine Steigerung auf einen GH-Wert zwischen 10 und 15 ist dagegen als positiv zu bewerten.

Rieselfilter

Das Filtersystem der Profis.
Auf nahezu allen industriellen
Fischzuchtanlagen ist immer wieder
ein ganz bestimmtes Filtersystem
zu sehen - der Rieselfilter. In
Zusammenarbeit mit Paul Souren,
hat KOIWERK dieses Filtersystem
weiterentwickelt und für den Einsatz
an Ihrem Koiteich optimiert. Das
Ergebnis dieser Kooperation ist
der erste 18-Stufen-Rieselfilter
mit integriertem Vorabscheider,
für maximale Filterleistung bei
minimalem Wartungsaufwand.

18 Rieselstufen, mit wechselnden
Bakterienkulturen, sorgen für einen
optimalen Mineralisierungs- und
Nitrifikationprozess auf höchstem
Niveau. Das nach unten verrieselnde
Wasser wird mit 30 % mehr
Sauerstoff angereichert, was anaerobe
Zonen und somit absterbende
Bakterienkulturen ausschließt.
Zusätzliche Filtertechnik, wie
Belüftung und Vorfilterung, ist bei
diesem kompakten Filtersystem nicht
notwendig.

Optional können die Rieselstufen
durch ein weiteres Modul 2 erweitert
werden. Die Erweiterung wird für
Koiteiche ab 50.000 Liter empfohlen.

Dieses effektive Filtersystem
schließt den Kreis der perfekt
aufeinander abgestimmten Produkte
von KOIWERK. Zum Wohl Ihrer
Nishikigoi.

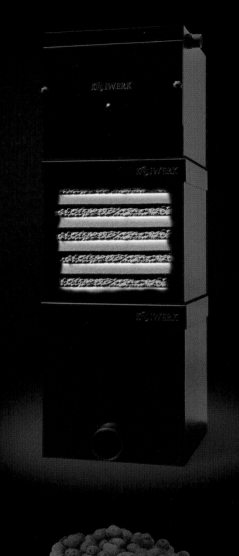

Modul 3 - Vorabscheider
leicht zugänglich durch Schub-
kastenbauweise
integrierter Notüberlauf
Pumpenanschluss 50 mm
2 Rieselstufen
Größe 50 x 50 x 50 cm

Modul 2 - Biokammer
10 Rieselstufen mit
verschiedenen Filtermedien
optional erweiterbar
Größe 50 x 50 x 50cm

Modul 1 - Auslauf
6 Rieselstufen
eingebauter Schrägboden für
optimierten Wasserauslauf
Anschluss 110mm
Durchfluß max. 15m³/Stunde
Dimension 50 x 50x 50cm

Der Rieselfilter ist komplett
ausgestattet mit hochwertigem
KOIWERK Filtermaterial.

Filter-Star

Filter-Star von KOIWERK ist das
hochwertige Filtermaterial, welches
die Abbauleistung Ihres Filters auf
natürliche Weise verbessert. Durch
einen speziellen Brennprozess
entsteht aus Ton und Beton ein
ausgezeichnetes Filtermaterial
mit poröser Oberflächenstruktur.
Die ausgeprägte innere und
äußere Oberfläche des Filter-
Star-Filtermaterials bildet eine
ideale Siedlungsfläche für eine
Vielzahl an unterschiedlichen
Bakterienstämmen.

Premium Heimservice

KOIWERK
Ihre Leidenschaft - Unser Antrieb